ACABOU CHORARE

SERVIÇO SOCIAL DO COMÉRCIO
Administração Regional no Estado de São Paulo

Presidente do Conselho Regional
Abram Szajman
Diretor Regional
Danilo Santos de Miranda

Conselho Editorial
Áurea Leszczynski Vieira Gonçalves
Rosana Paulo da Cunha
Marta Raquel Colabone
Jackson Andrade de Matos

Edições Sesc São Paulo
Gerente Iã Paulo Ribeiro
Gerente Adjunto Francis Manzoni
Editorial Jefferson Alves de Lima
Assistente: Rafael Fernandes Cação
Produção Gráfica Fabio Pinotti
Assistente: Ricardo Kawazu

ACABOU CHORARE

O rock'n'roll encontra a batida de João Gilberto

Marcio Gaspar

Lauro Lisboa Garcia (org.)

© Marcio Gaspar, 2020
© Edições Sesc São Paulo, 2020
Todos os direitos reservados

1ª impressão, 2023

Preparação
Elen Durando

Revisão
Richard Sanches, Sílvia Balderama Nara

Capa e identidade visual
Érico Peretta

Projeto gráfico e diagramação
fluoditorial

Dados Internacionais de Catalogação na Publicação (CIP)

G213a   Gaspar, Marcio
        Acabou chorare: o rock'n'roll encontra a batida de
João Gilberto / Marcio Gaspar. – São Paulo: Edições Sesc
São Paulo, 2020. –
        108 p. – (Discos da Música Brasileira).

        ISBN 978-85-9493-221-1

        1. Música brasileira. 2. Discos. 3. Novos Baia-
nos. 4. João Gilberto. 5. Samba. 6. Rock'n'roll. I. Título.
II. Subtítulo. III. Discos da Música Brasileira. IV. Garcia,
Lauro Lisboa.

        CDD 780.981

Ficha catalográfica elaborada por Maria Delcina Feitosa CRB/8-6187

Edições Sesc São Paulo
Rua Serra da Bocaina, 570 – 11º andar
03174-000 – São Paulo SP Brasil
Tel. 55 11 2607-9400
edicoes@sescsp.org.br
sescsp.org.br/edicoes
/edicoessescsp

*Para Luísa e Gabriel,
que deram sentido à minha existência.*

AGRADECIMENTOS

Afonsinho, Ana Deriggi, Anna Riso, Armandinho, Bebel Prates, Dadi, Gato Félix, Gilda Mattoso, Harumi Ishihara, Henrique Dantas, Leila Reis, Leonardo Khedi, Luis Chagas, Luiz Bueno, Maria Amélia Rocha Lopes, Marília de Aguiar, Mário Manga, Marisa Monte, Moraes Moreira, Patrícia Gasppar, Paulinho Boca de Cantor, PH de Noronha, Ramiro Zwetsch, Ricardo Carlos Gaspar, Roberta Sá, Sérgio Pugliese, Solano Ribeiro, Tulipa Ruiz.

A melhor coisa que você pode fazer para cultivar a verdadeira sabedoria é praticar a consciência de que o mundo é um sonho.

Paramahansa Yogananda

SUMÁRIO

APRESENTAÇÃO
 Danilo Santos de Miranda 10

PREFÁCIO
 Lauro Lisboa Garcia 14

INTRODUÇÃO: ERA UMA VEZ... 1972 18

_1 A.A.C. – ANTES DE *ACABOU CHORARE* 24

_2 E, PELA LEI NATURAL DOS ENCONTROS, EU DEIXO E RECEBO UM TANTO 42

_3 *ACABOU CHORARE*, FICOU TUDO LINDO 54

_4 PEPEU, CABELUDO DANADO! 70

_5 D.A.C. – DEPOIS DE *ACABOU CHORARE* 78

_6 PARA ALÉM DE *ACABOU CHORARE* 96

FICHA TÉCNICA DO DISCO 104

SOBRE O AUTOR 107

Apresentação

Como expressão artística e forma de conhecimento, a música oferece campo fecundo à observação do homem, seu tempo e imaginário. Vasto território de experiências, que vão dos cantos dos povos nativos às composições sacras e de concerto, à modinha, ao lundu, ao maxixe e ao choro, passando pelo samba, a bossa nova, o baião e o xote até o pop, o rock e a eletrônica, a criação musical se mostra como manifestação cultural das mais férteis, presentes e marcantes da vida no Brasil.

Amparado em histórias, heranças e universos simbólicos de diferentes povos que aqui se encontraram, o gosto pela música se refletiu no interesse com que a vida moderna e urbana do país recebeu invenções como o disco e o rádio. Era a época em que cantores, cantoras e instrumentistas de todos os estilos passavam ao posto de ídolos populares e jovens compositores criavam canções e marchinhas que atravessariam os tempos.

Esse curso da criação musical é o que orienta a presente coleção Discos da Música Brasileira. A série, organizada pelo jornalista e crítico Lauro Lisboa Garcia, apresenta em cada volume a história de um álbum que marcou a produção nacional, seja pela estética, por questões sociais e políticas, pela influência sobre o comportamento do público, seja como representante de novidades no cenário artístico e em seu alcance comercial.

Neste volume da coleção, o álbum visitado é *Acabou chorare*, dos Novos Baianos. No livro, o jornalista Marcio Gaspar entrevista músicos e outros artistas ligados à grande comunidade formada pelo grupo para recontar a trajetória desse que é, sem sombra de dúvida, título de destaque no elenco de grandes obras da música brasileira.

Pautando-se por uma linguagem clara e direta, a coleção Discos da Música Brasileira se desenvolve a partir de uma perspectiva que contempla a valorização da memória musical na mesma medida em que observa os ecos e as reverberações daquelas criações na produção atual.

Danilo Santos de Miranda
Diretor do Sesc São Paulo

Prefácio

Da fobica[1] veio o trio elétrico, do pau elétrico surgiu a guitarra baiana, da rainha do choro Ademilde Fonseca veio parte da exuberância vocal de Baby Consuelo, das distorções de Jimi Hendrix veio a guitarra de Pepeu Gomes. Antes deles havia Dorival Caymmi, Assis Valente, João Gilberto e os tropicalistas.

Como o samba primordial, as águas sonoras da Bahia foram bater no Rio de Janeiro e, enquanto corria a barca das aventuras libertárias de senso *hippie* em meio à repressão da ditadura militar, surgiu *Acabou chorare*, surpreendente e arrojado segundo álbum dos Novos Baianos (Moraes Moreira, Luiz Galvão, Baby Consuelo, Pepeu Gomes e Paulinho Boca de Cantor), agregando toda essa farta herança, entre a tradição nordestina e a revolução planetária, meio bossa nova e meio

---

1 Pequeno carro de som precursor do trio elétrico, que então só tocava música instrumental.

rock'n'roll, unindo João Gilberto e Hendrix, entre outras referências. Virou uma espécie de referência do desbunde da época, mas o tempo se encarregou de transformá-lo de moderno em eterno.

Corria o ano de 1972 e a Bahia mais uma vez deu a régua e o compasso da modernidade para o Brasil e o mundo. Os Novos Baianos e seus contemporâneos, nos primeiros anos daquela década, foram decisivos para a consolidação do que Caetano Veloso, Gilberto Gil, Tom Zé, Gal Costa, Mutantes e Nara Leão haviam experimentado com o maestro Rogério Duprat no fim da década anterior. Secos & Molhados, Rita Lee & Tutti Frutti, Tim Maia, Raul Seixas, Alceu Valença, Luiz Melodia, Sá, Rodrix & Guarabyra, Jards Macalé, Jorge Mautner, o pessoal do Clube da Esquina (com Milton Nascimento à frente): cada um com seu estilo, sotaque e ousadias inventou hibridismos sonoros que fizeram escola nesse período.

Assim como Caetano, Gil e Gal Costa foram influenciados pela bossa de João Gilberto e introduziram a guitarra – então rejeitada pelos tradicionalistas – junto com os Mutantes e os Beat Boys na MPB, os Novos Baianos não só absorveram essas experiências como as expandiram, inovaram na estética sonora de conjunto, na forma da letra de canção e no comportamento.

Pepeu Gomes tornou-se, a partir daí, uma das maiores referências na guitarra brasileira. Moraes Moreira, responsável pelo tom bossa-novista apreendido de João Gilberto ao violão, especialmente na faixa-título do álbum, também era entusiasta das invenções de Dodô e Osmar desde os tempos da velha fobica e tornou-se o primeiro cantor de trio nos carnavais de Salvador. Do núcleo instrumental despontou o grupo A Cor do Som, com Dadi, que depois veio a tocar com Marisa Monte, uma das grandes herdeiras do conceito sonoro do grupo.

Marcio Gaspar, jornalista que conviveu com uma infinidade de artistas de primeira linha em suas passagens pelas grandes gravadoras e redações de jornais e revistas, é testemunha dessa história e o autor do segundo título da coleção Discos da Música Brasileira (Histórias e Bastidores de Álbuns Antológicos), das Edições Sesc. Aqui ele conta histórias e curiosidades que mostram o valor dessa gente bronzeada. Muito do que surgiu em mesclas de rock com MPB nas décadas seguintes tomou *Acabou chorare* como referência, esse campo grande cheio de suingue.

Lauro Lisboa Garcia

Introdução

ERA UMA VEZ... 1972

Eu tinha 15 anos quando foi lançado *Acabou chorare*, segundo disco dos Novos Baianos. Um pouco antes, a presença de João Gilberto havia mudado a vida do grupo. E não é exagero dizer que os Novos Baianos mudaram a minha vida.

Primeiro, porque *Acabou chorare* abriu meus olhos e ouvidos para a música brasileira; segundo, porque, três anos mais tarde, conhecê-los pessoalmente e conviver com o grupo por um certo período foram fatores decisivos para a minha opção profissional ligada à música.

Apenas um ano antes de *Acabou chorare*, Paulinho Boca de Cantor dizia em entrevista ao *Jornal do Brasil* que, de música brasileira, os Novos Baianos só gostavam de Caetano, Gil e Luiz Gonzaga[2]. Não por acaso, *É ferro na boneca* (o primeiro LP,

---

2 Ana de Oliveira, *Acabou chorare*, São Paulo: Iyá Omin, 2017, p. 182.

de 1969) é um disco que pode ser considerado de "pop-rock tropicalista".

Já o meu próprio cardápio de música brasileira, na época, era ainda mais reduzido: Caetano e Gil, somente. Interessava-me o rock de Beatles, Stones, Traffic, Neil Young, Clapton e The Who; o som progressivo de Yes, Pink Floyd, King Crimson e Genesis; e as fusões elétricas de Miles Davis, Herbie Hancock, Chick Corea, Frank Zappa e John McLaughlin.

No entanto, 1972 foi um ano particularmente inspirado da música brasileira, marcado pelos lançamentos de *Transa*, de Caetano Veloso, *Expresso 2222*, de Gilberto Gil, e *Clube da esquina*, de Milton Nascimento e Lô Borges. O disco dos mineiros me chamou a atenção de forma especial por estabelecer uma surpreendente conexão da música brasileira com o rock progressivo. Essa sensação se consolidaria no ano seguinte com *A matança do porco*, do Som Imaginário, que era uma espécie de vertente instrumental do Clube da Esquina. Quanto a *Transa* e *Expresso 2222*... bem, estes são discos que já nasceram eternos. Com concorrentes desse peso, seria muito arriscado, na época, apostar na perenidade de *Acabou chorare*. Pois o disco sobreviveu, e muito bem, por sinal.

No começo dos anos 1970, eu já conhecia os Novos Baianos pelo sucesso de *É ferro na boneca* e havia gostado de sua participação no último dos famosos festivais da TV Record, cantando "De vera"; também me divertia com a presença frequente de Baby e seu espelho na testa no programa do Chacrinha. Mas, na minha adolescência, o fato mais marcante relacionado aos Novos Baianos de antes do *Acabou chorare* era a entrevista concedida pelo grupo no então famoso sofá de Hebe Camargo. Perguntados sobre suas famílias, Baby Consuelo, Luiz Galvão, Moraes Moreira e Paulinho Boca de Cantor responderam, quase em uníssono, algo como: "Nossas famílias somos nós mesmos; matamos nossos pais".

Certamente, um choque para a entrevistadora, espécie de porta-voz da classe média conservadora da época. E um saboroso e ambíguo mistério para mim, que fiquei alguns meses digerindo o sentido daquela resposta.

Acabou chorare não me desceu bem logo de cara, e a razão principal desse estranhamento era o fato de tratar-se, em sua essência, de um disco de música brasileira. Com certeza, mais do que *Transa* e *Expresso 2222*, ambos influenciados pela forçada temporada inglesa de Caetano e Gil. Mas *Acabou chorare*, para horror dos meus ouvidos preconceituosos, soou basicamente como um disco de samba. E feito por um bando de *hippies*, o que tornava tudo ainda mais bizarro.

Incrível: aquele grupo de desbundados (para usar um termo da época) jogava na cara de uma juventude dividida entre a seriedade do engajamento político e a alienação via drogas e rock'n'roll uma inusitada valorização do samba, gênero depreciado naqueles tempos em que a moçada, de forma geral, estava de mal com o Brasil.

"Ame-o ou deixe-o" era o repugnante *slogan* da ditadura; propunha, de maneira explícita, o nós contra eles. Eu – e boa parte dessa juventude engajada na luta política ou alienada nas dunas do barato –, evidentemente, engrossava as fileiras do *deixe-o*, o que significava o abandono, ainda que temporário, de tudo o que fosse simbólico do país: o samba, claro, parte desse tudo.

Para os engajados, exaltar a representação de uma brasilidade estereotipada era compactuar com a ditadura; para a turma "paz e amor" era, pura e simplesmente, caretice. No entanto, *Acabou chorare* cometia a ousadia de resgatar o samba. Mais do que isso: abria com um samba-exaltação, o "Brasil pandeiro", de Assis Valente.

Em entrevista ao *Jornal da Música*, em 1974, Luiz Galvão deixava claro:

> Em 1969 começou tudo e a gente era bem diferente. A gente era anti-samba e violento; queria fazer uma crítica forte ao mundo que a gente via. Sabe, existe uma turma da pesada que inventou o samba, que é tão louco quanto nós, gente do tempo em que samba era pra malandro. Mas esse pessoal estava por baixo nessa época. Em 1969, samba era só coisa de universitário. Muito ruim, porque universitário não sabe fazer samba.[3]

Três anos depois de *Acabou chorare*, os Novos Baianos se mudaram para São Paulo e, por meio de um amigo comum, Dinho Bandeira, passei a frequentar a comunidade vegetariana/lisérgica instalada na rua Casa do Ator, no bairro de Vila Olímpia. Eram dias e noites de muita música e conversas metafísicas e viajantes, principalmente com Galvão e Paulinho Boca. Também saíamos para, simplesmente, flanar pela noite paulistana ou para assistir a shows de outros artistas. Eu me lembro, por exemplo, de ter acompanhado, com quase toda a trupe, a estreia dos Doces Bárbaros em 1976 no Palácio das Convenções do Anhembi. Poucos anos depois, já como divulgador na WEA Discos, trabalhei com Baby e Pepeu no lançamento das carreiras solo de ambos.

Mas, voltemos ao comecinho dos anos 1970, quando uma luz forte atingiu em cheio os Novos Baianos, reorientando suas escolhas musicais, iluminando os caminhos para *Acabou chorare* e abrindo novas possibilidades de identificação e representatividade para a juventude da época: a luz forte de João Gilberto, que a tudo transformou.

---

3 Luiz Galvão *apud* Ana de Oliveira, *Acabou chorare, op. cit.*, p. 184.

Essa caminhada deságua no presente livro, que tentará contar um pouco mais das circunstâncias que cercaram a criação, a gravação e o lançamento de *Acabou chorare*, com suas consequências para o grupo e para a música brasileira. Há de se ressalvar que a precisão dos fatos é um tanto afetada pela ausência de alguns personagens fundamentais que já se foram ou outros que, diante dos pedidos de entrevista, optaram pelo silêncio; e também porque, em virtude da própria passagem do tempo e do ambiente enevoado pelos delírios das drogas em geral, me deparei com alguns fatos contados de maneira discrepante ou mesmo totalmente oposta por personagens que compartilharam a mesma cena. Isso, no entanto, já era esperado. Afinal, como já disse alguém, "quem viveu os anos setenta e lembra-se de tudo perfeitamente é porque, na verdade, não viveu os anos setenta".

Boa leitura!

A.A.C. – ANTES DE ACABOU CHORARE

No começo de 1967, aconteceu em Salvador o encontro de três baianos vindos do interior. Primeiro, por sugestão de Tom Zé, Galvão (Luiz Dias Galvão, nascido trinta anos antes em Juazeiro) foi procurar Moraes (Antônio Carlos Moraes Pires, 20 anos na época, natural de Ituaçu) na pensão da Dona Maritó, na rua Democrata, 17. Imediatamente passaram a dividir o mesmo quarto e a compor. Em duas semanas já tinham doze músicas, todas escritas nas paredes do quarto. Logo em seguida, na casa do também músico Tuzé de Abreu, os dois conheceram Paulinho (Paulo Roberto Figueiredo de Oliveira, nascido em Santa Inês, 21 anos antes).

Foi no Brasa, bar da moçada soteropolitana mais descolada na época, que o trio Moraes, Galvão e Paulinho conheceu um jovem estudante da Escola de Teatro da Universidade da Bahia: Eufrásio Félix, negro esperto, logo apelidado de Gato Félix.

"Ali no Brasa, eles me disseram que procuravam um lugar para ensaiar. 'Já está resolvido', respondi de pronto, e eles passaram a ensaiar lá na Escola de Teatro"[4], relembra Gato.

Eram tempos efervescentes. Os CPCs (Centros Populares de Cultura) espalhados pelo país e berço para um sem-número de atividades culturais e políticas no início da década, haviam sido fechados no pós-Golpe de 1964. A repressão atrelada à ditadura militar se intensificou com o AI-5, em 1968, e atingiu diretamente a cultura. Na Bahia, a Bienal de Artes Plásticas realizada em Salvador foi fechada logo após a sua inauguração; a produção cinematográfica baiana, impulsionada depois do fenômeno Glauber Rocha, praticamente desapareceu; enfraqueceram-se os então consistentes movimentos da dança e do teatro locais, enquanto a universidade, com reitores indicados pelos governos militares, perdeu sua relevância. Além disso, a ditadura estabeleceu condições para que a produção cultural se concentrasse no Rio de Janeiro e em São Paulo, via Embratel e praticamente monopolizada pela TV Globo.

Em todo o país, o cinema, o rádio e, em seguida, a televisão haviam sido importantes meios de produção e comunicação regional nas décadas de 1950 e 60. Na Bahia, basta lembrar que Caetano Veloso se recorda de haver visto Gilberto Gil pela primeira vez em um programa de auditório da TV local; e a expressão "é ferro na boneca", que dá título ao primeiro LP dos Novos Baianos, baseava-se em bordão criado pelo radialista França Teixeira, de enorme audiência em Salvador na época.

Entretanto, mesmo com o esfriamento da cultura local, no início de 1969 surgiu para Galvão, Moraes e Paulinho a oportunidade de um show no Teatro Vila Velha, ponto de encontro da atividade cultural que ainda resistia àqueles tempos obscuros.

---

4 Entrevista ao autor em 10 de maio de 2019.

"O Vila Velha era dirigido pelo João Augusto, que tinha visto o pessoal ensaiando e se amarrou"[5], recorda Gato Félix:

> Galvão começou a armar o *Desembarque dos bichos depois do dilúvio universal*, que seria o primeiro show dos Novos Baianos – que ainda não eram os Novos Baianos, nem tinham nome. E eu trabalhando na produção e na divulgação do show, distribuindo folheto e vendendo ingresso lá no Porto da Barra, quando vi duas gatas incríveis: eram a Baby e a Ediane Lobão, então mulher do Rogério Duarte. Falei do show, dei dois ingressos pra elas e disse que tinha ensaio naquela tarde, que elas aparecessem por lá. Tinha uma atriz que ia cantar no show, mas, antes do ensaio, fumou um baseado e apagou, não acordava de jeito nenhum. A Baby, que contou que tinha saído da casa da família em Niterói no dia do aniversário dela pra ir de carona até Salvador, apareceu no ensaio, falou com o Galvão e disse que ia cantar no show. Galvão, aquele conquistador do sertão baiano, pirou na gata e não teve como dizer não. Pois a Baby cantou no lugar da outra e, dois dias depois, estreou no palco, já arrasando.[6]

Baby Consuelo, hoje Baby do Brasil, nasceu Bernadete Dinorah de Carvalho Cidade, em Niterói, e tinha apenas 17 anos em 1969. Tornou-se figura fundamental na música e na imagem dos Novos Baianos: a única mulher em meio àquele bando de cabeludos no palco, a um só tempo menina, sexy, mãezona, desbocada, brejeira e segura de si, com seu nariz arrebitado.

---

5 *Idem.*

6 *Idem.*

No *Desembarque dos bichos...*, o embrião dos Novos Baianos foi acompanhado pela banda Os Leifs, formada pelos irmãos Pepeu (Pedro Aníbal de Oliveira Gomes, soteropolitano com 17 anos na época) e Jorginho Gomes. No mesmo ano, Os Leifs acompanharam Gil e Caetano no show de despedida dos dois antes do exílio, o *Barra 69*, que aconteceu no Teatro Castro Alves nos dias 20 e 21 de julho de 1969.

"Procurávamos uma banda de rock. Ao participar do programa *Poder Jovem*, da TV Itapoan, descobrimos Os Leifs"[7], contou Galvão em seu livro *Novos Baianos: a história do grupo que mudou a MPB*.

> Pra somar, Gilberto Gil e Caetano Veloso tinham saído da prisão. Eles estavam sob vigilância e com a data do exílio marcada para o final do mês. Restando pouco tempo para os ensaios do show de despedida da dupla, Gil assistiu de casa ao mesmo *Poder Jovem*. E também ficou encantado com os irmãos Pepeu e Jorginho. Caetano e ele dividiam uma casa no Rio Vermelho; quando Caetano voltou da praia, Gil falou: "Descobri a banda para fazermos o show". Quando Caetano soube que estaríamos no Teatro Vila Velha e que Os Leifs nos acompanhariam, ele veio nos encontrar no bar Brasa. Pediu para adiarmos nosso espetáculo para que a banda de Pepeu e Jorginho (então, com apenas 15 anos) tocasse com eles no show de despedida, em julho. Acabamos atendendo e transferindo para agosto o *Desembarque dos bichos* [...].[8]

---

7 Luiz Galvão, *Novos Baianos: a história do grupo que mudou a MPB*, São Paulo: Lazuli, 2014, p. 24.

8 *Ibidem*.

Em entrevista a Charles Gavin no programa *O Som do Vinil*, Pepeu disse que, nessa época, foi morar com Gil na casa do Rio Vermelho. "Ele me deu um disco do Hendrix, o *Smash Hits*. Na mesma noite, tirei todas as músicas. Fui dormir baixista e acordei guitarrista."[9]

Mas o recém-guitarrista não era ainda, oficialmente, um *novo baiano*. Começou um namoro com Baby, com quem morou por alguns meses embaixo de uma ponte em Salvador, mas não migrou com Galvão, Paulinho, Moraes e a namorada para o Rio de Janeiro. Assim, não participou de nenhuma atividade do grupo até 1970. E foram muitas essas atividades: a gravação dos compactos simples *Colégio de aplicação* (1969) e *Volta que o mundo dá* (1970), e do LP *É ferro na boneca*; a apresentação de "De vera" no V Festival de Música Popular, da TV Record, onde surgiu o nome Novos Baianos; e a participação nos programas de TV que compunham o pós-jantar da classe média e alimentavam a mídia mundana da época, como *Hebe Camargo* e *Quem Tem Medo da Verdade*. Tudo isso entre setembro de 1969 e meados de 1970.

O produtor e diretor de TV Solano Ribeiro, responsável pelos anos áureos do Festival da TV Record, é quem conta:

> O Festival da Record de 1969, do qual os Novos Baianos participaram, não fui eu que fiz. Fui consultado para fazer, mas depois do AI-5, em 68, eu seria um canalha se fizesse um festival para dizer que estava tudo bem. Aí, quem topou a parada foi o Marcos Antônio Rizzo, que era meu assistente. E a Record, tão atrapalhada com a coisa de agradar os militares, fez uma

---

9 "Acabou chorare e os Novos Baianos", *O Som do Vinil*, Canal Brasil, 6 nov. 2014, disponível em: <https://www.youtube.com/watch?v=ksm3rrWWGag>, acesso em: abr. 2020.

> coisa impensável: proibiu guitarra elétrica no festival, e isso depois de "Alegria, alegria", do tropicalismo, de Tom Zé... um absurdo. Mas quando a turma dos baianos estava para entrar no palco para ensaiar, o Rizzo falou: "Chama aquela turma da Bahia. Aqueles baianos, aqueles novos baianos". Eles ouviram, gostaram e adotaram o nome. Esse foi o batismo. E nesse festival a música vencedora foi "Sinal fechado", do Paulinho da Viola. Bem sintomático.[10]

"De vera" acabou em 3º lugar no Festival da Record e fez parte do LP *É ferro na boneca*. Mas foi bem antes do Festival, ainda na pensão da Dona Maritó, que o repertório do disco de estreia dos Novos Baianos começou a ser gestado. As músicas foram inicialmente pensadas para compor a trilha sonora do filme independente *Caveira my friend*, de Álvaro Guimarães. Exibido no Festival de Brasília em 1969, *Caveira my friend* teve sua cópia censurada e Álvaro, em protesto, a queimou na Praça dos Três Poderes. Algumas dessas músicas também foram usadas na trilha sonora de outro *cult movie* da época, *Meteorango Kid: herói intergalático*, dirigido por André Luiz Oliveira em 1970, com Gato Félix no elenco e protagonizado por Antônio Luiz Martins, o Lula, que mais tarde faria a direção de arte da capa de *Acabou chorare*.

Para Paulinho Boca:

> O *É ferro na boneca* preencheu uma lacuna na música da época, fervilhando com cinema novo, tropicalismo, o teatro de Zé Celso, o final da bossa nova etc. A gente achava que a qualquer hora seria preso, mas os milicos não entendiam direito o que a gente estava dizendo. Na época, tinha aquela coisa de música de

---

10 Entrevista ao autor em 3 de outubro de 2018.

protesto *versus* música do desbunde. A gente não falava diretamente de política nas músicas, mas tinha aquele anarquismo baiano que deixava a ditadura com as calças na mão. Não passava pelas nossas cabeças pegar em armas, entrar em algum partido... mas a gente tinha coragem. Nós enfrentamos toda a resistência, e seria muito difícil a gente encarar aquela barra toda se a nossa bandeira não fosse a música, não fosse a alegria. Era uma coisa politicamente forte, e uma parte da esquerda logo quis se unir a nós, porque a gente não falava em luta; nossa arma era o pensamento, era a cabeça, era mudança e formação de opinião. Fomos talvez os primeiros formadores de opinião da juventude brasileira. Saindo dos prédios para as praças, uma nova raça.[11]

"Montamos os Novos Baianos no auge da ditadura. Se a gente sobreviveu ali, o resto é *Xou da Xuxa*"[12], completa Gato Félix.

De fato. Como se poderia dizer, obviamente em voz baixa, naquela virada de 1969 para 1970 o ar estava tão pesado que era quase possível tocá-lo. O taciturno General Médici era o ditador do país em que qualquer grupo com mais de três pessoas reunidas ao ar livre era considerado suspeito; onde o principal jornal da maior cidade estranhamente publicava receitas de bolo e trechos de *Os Lusíadas*, de Camões, em sua primeira página; e, na casa ao lado, o seu vizinho poderia estar espionando você por trás das cortinas, enquanto havia uma boa chance de o motorista de táxi (ninguém usava o

---

11 Entrevista ao autor em 30 de outubro de 2018. Nessa última frase, referência à música "Colégio de aplicação" do disco *É ferro na boneca*: "No céu azul, azul-fumaça / uma nova raça / saindo dos prédios para as praças". [N.E.]

12 Entrevista ao autor em 10 de maio de 2019.

termo "taxista") e o porteiro do prédio serem informantes da polícia.

A juventude urbana estava dividida entre os politicamente engajados e a turma do desbunde. Eram duas tribos que raramente se misturavam, mas tinham em comum uma constante paranoia, afinal a possibilidade de ser preso por portar um baseado ou *O capital*, de Karl Marx, era a mesma.

Foi João Araújo, então produtor e diretor artístico da gravadora RGE, que levou os baianos a gravar o primeiro LP e também a participar do Festival da Record. A maciça exposição no canal de TV que liderava a audiência no país chamou a atenção do empresário Marcos Lázaro, na época o todo poderoso que comandava as carreiras de Elis Regina (1945-1982) e Roberto Carlos, entre muitos outros. De contrato assinado com Lázaro, os baianos passaram a morar no Hotel Paramount e logo depois no Danúbio, ambos no centro da capital paulista.

Galvão lembra em seu livro, já mencionado:

> Ao mudarmos para o Hotel Danúbio, as coisas melhoraram e passamos a fazer shows nos grandes clubes das capitais, contratados pela Rhodia, que antes vinha fazendo esse trabalho com os tropicalistas. [...] Passamos a ganhar muito dinheiro com as apresentações na televisão e, mais ainda, com os cachês dos shows... mas, de repente, a festa acabou. Rompemos com o Marcos Lázaro quando dissemos que não faríamos mais shows em clube, se ele não nos colocasse em teatros.[13]

Foi nessa época do Hotel Danúbio que uma nova figura se uniu ao grupo. Primeiro como a

---

13 Luiz Galvão, *Novos Baianos: a história do grupo que mudou a MPB*, op. cit., pp. 40-1.

companheira de Paulinho Boca de Cantor e, logo depois, também como uma espécie de gerente executiva do dia a dia; uma nunca nomeada, mas jamais contestada, *coordenadora geral da loucura*. O papel coube a Marília de Aguiar, a Marilinha, na vida comunitária gestada nos hotéis paulistas e em uma casa alugada no bairro do Imirim, zona norte de São Paulo. Consolidou-se no Rio de Janeiro, no apartamento coletivo da rua Conde de Irajá, em Botafogo, e no sítio Cantinho do Vovô, em Vargem Pequena. Ainda se estendeu pela década seguinte, novamente em São Paulo, nas ruas Casa do Ator, na Vila Olímpia, e Itápolis, no bairro do Pacaembu. Marilinha conta:

> Eu não era a governanta da comunidade; era um pouco mais lúcida que os outros, só isso. Em 1969, eu fazia Jornalismo na USP. No dia 15 de dezembro daquele ano, fui à festa de lançamento de um filme do Rogério Sganzerla e ali conheci todos os baianos, com exceção da Baby, que eu havia conhecido alguns dias antes com o Antônio Peticov. Achei eles esquisitíssimos, mas interessantíssimos. Comecei a beijar o Paulinho e fui criticada pelos meus amigos, mas eu dizia: "Imagina... é só hoje, nunca mais vou ver esses caras". Poucos dias depois saí de casa e fui morar com eles no Hotel Danúbio. Depois nos mudamos para a casa no Imirim. Pepeu ia lá de vez em quando, mas a Baby estava fora desde que a gente saiu do Danúbio. Na época, ela voltou para o Rio porque no *É ferro na boneca* só tinha uma música que ela cantava, "Curto de véu e grinalda", e essa não era a música de trabalho da gravadora. Isso acabou criando uma situação esquisita, da Baby se apresentando sozinha no Chacrinha, cantando essa música. Era Novos Baianos, mas era também a Baby solo, nesse período. Em seguida,

> fomos todos para a Bahia, em busca de uma melhor condição de sobrevivência.[14]

Em 1970, a radicalização da ditadura militar era ilustrada, no boca a boca, pelos muitos relatos sobre pessoas perseguidas, presas, torturadas, desaparecidas e nunca encontradas. Qualquer lugar estava sujeito a ser invadido pela polícia e qualquer pessoa poderia ser revistada, a qualquer momento. Para os Novos Baianos e a juventude em geral, o baixo astral se agravou com as mortes, em sequência, de Jimi Hendrix, em 18 de setembro, e de Janis Joplin, em 4 de outubro do mesmo ano.

No final daquele fatídico 1970, os Novos Baianos deixavam São Paulo de volta a Salvador. No relato de Marilinha, a viagem numa Kombi velha e com o tanque de óleo furado ganha contornos de aventura épica e revela muito sobre a condição do grupo e do entorno da época.

> Quando entramos na Via Dutra, já notamos o problema do óleo e sentimos que nossa viagem seria turbulenta. Mas nem passou por nossas cabeças desistir. Não havia outra opção. Voltar para onde? Tínhamos abandonado nossa casa, fugindo de uma invasão da polícia anunciada para aquela noite e de uma dívida impagável naquele momento. Falamos com um amigo da Bahia, que se comprometeu a negociar alguns shows dos Novos Baianos em clubes de Salvador e do interior. Chamamos o Pepeu, que estava morando em Ribeirão Pires (SP), tocando num grupo chamado Os Enigmas, com o Pedrão Baldanza (baixo), Odair Cabeça de Poeta (bateria) e o Jean (guitarra). Todos aceitaram na hora o convite para participar dos shows na Bahia. Baby estava morando no Rio, mas disse que iria

---

14 Entrevista ao autor em 12 de junho de 2019.

ao nosso encontro em Salvador. Embarcamos todos na Kombi, que ficou bem apertada e muito quente. Por causa do tanque furado, foi necessário parar muitas vezes em postos na estrada para repor o óleo, e assim todo o dinheiro que havia, juntando o pouco de cada um, acabou depressa. Na entrada de Medina (MG), a Kombi deu sinais de que não aguentaria continuar. Era tarde da noite, a cidade estava deserta, as luzes eram fracas e não havia ninguém nas ruas para indicar uma oficina. Conseguimos chegar ao Mirante, na parte mais alta, de onde se via toda a cidadezinha, e paramos na frente de um posto de gasolina que estava fechado naquela hora. Aí a Kombi morreu de vez.[15]

Cansados, dormiram ali mesmo, no chão, em frente ao posto de gasolina. O sol da manhã e o barulho das vozes dos funcionários e clientes os acordaram.

Contamos sobre os shows na Bahia e pedimos para chamar um mecânico. A notícia da nossa presença se espalhou pela cidade enquanto esperávamos o mecânico dizer quanto tempo iria demorar e qual seria o valor do serviço. De repente, chegou uma caminhonete e dela saiu o Jaiminho Barros, conhecido por todos da cidade e que sabia quem eram os Novos Baianos. O mecânico calculou que demoraria cinco ou seis dias para a nossa Kombi rodar novamente. Jaiminho se responsabilizou por todos os pagamentos e nos levou para sua fazenda, com todos os instrumentos. Ficamos uma semana ali naquela casa grande, com varanda cheia de redes, camas para todos, comida farta e som o tempo todo. Depois seguimos viagem, a Kombi quebrou de novo, dormimos mais uma noite ao relento e, quando finalmente chegamos

---

15 *Idem.*

a Salvador, nos hospedamos no pequeno Hotel Miramar, no Porto da Barra, quando soubemos que nenhum show estava confirmado.[16]

Enquanto esperavam alguma coisa acontecer, os baianos faziam um som todas as tardes, sentados na mureta do Porto da Barra ali em frente. Baby juntou-se ao grupo, o tempo foi passando e a conta do hotel crescendo.

Continua Marilinha:

> O dono do Miramar nos cobrava diariamente, e a situação estava ficando insustentável. Além disso, a quantidade de pessoas que se juntava a nós na mureta, atraídas pelo som e pelos baseados consumidos, só aumentava. Era inevitável que isso acabasse chamando a atenção da polícia, comandada pelo delegado Gutemberg Oliveira, integrante do Esquadrão da Morte da Bahia e famoso por ameaçar qualquer pessoa com aparência *hippie*. O primeiro a ser preso foi o Paulinho Boca. Não houve flagrante, nenhuma droga com ele, mas era um *cabeludo esquisito*. Corri pra delegacia, levando seus documentos, falei que estava grávida e que tínhamos vindo à Bahia visitar a família. Deu certo e ele foi liberado, mas ficamos bastante assustados. Nós dois e o Moreira resolvemos então passar uns dias longe daquilo tudo: alugamos uma casinha de pescadores em Arembepe, onde ainda nem havia eletricidade. Os vizinhos eram pessoas simples e amáveis, gostavam da cantoria do Paulinho Boca e do Moraes Moreira, nos davam frutas e muitas vezes almoçamos e jantamos em suas casas. Mar limpo, sol, coqueiros, areia branquinha e banho de rio quentinho. Um paraíso. Um dia fomos avisados por um amigo que o delegado Gutemberg havia prendido todos do nosso

---

16 *Idem.*

grupo que estavam em Salvador e mandado raspar a cabeça deles. Só escapou a Baby porque as companheiras de cela gostaram do jeito atrevido dela e pressionaram o carcereiro.[17]

A temporada na prisão, como conta Galvão em seu livro, foi mesmo barra-pesada:

> Gutemberg apareceu, nem sequer nos revistou pra ver se achava maconha e nos jogou no fundo do camburão. Levou a gente até a prisão de Misericórdia, conhecida como *Calabouço*... Ficamos num porão onde havia, de um lado, as celas dos homens, e do outro, as das mulheres. Seu Raimundo, o carcereiro, temido pela fama de torturador, nos obrigou a dormir completamente nus no cimento. Éramos trinta homens num espaço em que cabiam apenas dez. [...] A cela era imunda e pedi para Gutemberg uma vassoura para que eu varresse o lugar onde dormiríamos. O delegado não respondia coisa alguma. De repente, falou para mim: "Cale a boca, para que eu não o coloque no pau de arara". [...] Baby não foi obrigada a se despir, mas estava na cela em frente à nossa, e nós completamente pelados. A cela dela estava cheia de prostitutas do Baixo Maciel. Umas lésbicas, portando giletes, quiseram gracinha com ela, mas Baby se impôs. Quando ela foi tomar um banho, vieram quase todos os canas, querendo vê-la pelada. Baby deu um esporro neles e tomou banho vestida.[18]

Galvão conta também que Marilinha e Paulinho conseguiram um advogado amigo que finalmente

---

17 *Idem*.

18 Luiz Galvão, *Novos Baianos: a história do grupo que mudou a MPB*, op. cit., p. 77.

os tirou da cadeia. Ato contínuo, foram todos para Arembepe, que nos anos seguintes viraria uma espécie de refúgio *hippie*, atraindo cultores de uma vida alternativa, *drop-outs* ou simplesmente malucos, de todo o Brasil. Mas antes disso, naquela praia paradisíaca, Moraes e Galvão afiaram a parceria. Foi lá, por exemplo, que compuseram "Dê um rolê".

Entretanto, sem perspectiva de shows na Bahia, foi preciso cair na estrada de novo. E, mesmo sem lugar certo para ficar ou qualquer contrato com gravadora ou empresário, o grupo resolveu voltar para o Rio de Janeiro, onde se espalharam por casas de amigos, enquanto batalhavam por uma agenda de shows e um novo endereço. Com frequência, apareciam na casa de João e Lucinha Araújo, para a alegria do filho do casal, Cazuza, então com apenas 12 anos de idade. Consta que Cazuza ficou maravilhado com os baianos; mais tarde diria que foi ali que pensou, pela primeira vez, em ser artista. Como conta Paulinho Boca:

> Lembro-me do Cazuza pequenininho ouvindo a gente cantar e tocar até tarde e de a gente dizendo: "Vai dormir, Cazuza!". O João descolou de a gente gravar um segundo disco, dessa vez na Philips, para onde tinha ido depois da RGE. Mas não deu certo. Chegou a sair um compacto duplo, hoje muito raro, mas que tinha a primeira gravação de "Dê um rolê", que acabou sendo sucesso na voz da Gal.[19]

Sim, "Dê um rolê" foi um dos pontos altos do show e do disco *Fa-tal – Gal a todo vapor*, marco da carreira de Gal Costa, gravado ao vivo no Teatro Teresa Raquel, no Rio de Janeiro, em 1971. Naquele show, Pepeu dividiu as guitarras com outro ícone do instrumento, Lanny Gordin. E, ao lado do

---

19 Entrevista ao autor em 30 de outubro de 2018.

irmão Jorginho e do baixista Dadi, Pepeu apareceu também no compacto duplo citado por Paulinho, lançado igualmente em 1971 e que tinha, além de "Dê um rolê", "Você me dá um disco?", "Risque" e "Caminho de Pedro". Na capa, a estranha identificação: Novos Baianos + Baby Consuelo com A Cor do Som.

Nascido no Rio de Janeiro em 16 de agosto de 1952, Eduardo Magalhães de Carvalho, o Dadi, era o típico garoto de Ipanema quando foi *cooptado* pelo grupo.

Conta Dadi:

> Com 19 anos na época, eu já estava numa banda de rock que tocava Who, Stones, esse tipo de coisa; morava em Ipanema e ia ali para o Arpoador todo final de tarde fumar um e fazer um som. Um dia estou lá e a Marilinha aparece com a Baby Consuelo. Ela quis saber se eu era baixista e perguntou: "O que você está fazendo agora?". Respondi: "Nada, estou aqui de bobeira". Ela me disse que tinha uma banda precisando de baixista e me perguntou: "Você não quer ir amanhã tocar com a gente?". Fui lá no dia seguinte e estavam Pepeu, Moraes, Paulinho, Baby e Galvão. Eu e Pepeu temos a mesma idade, gosto musical parecido... ouvíamos muito Hendrix, Clapton... então a gente começou a tocar e se identificou na mesma hora. Aquilo fluiu: eu, Moraes e Pepeu. Paulinho adorou, o Galvão também; e na hora o Galvão falou que o Jorginho logo chegaria da Bahia, que era baterista e que a banda ia se chamar A Cor do Som, que era o nome de uma música deles, do Moraes e do Galvão. Seria a banda que acompanharia os Novos Baianos.[20]

---

20 Entrevista ao autor em 1 de abril de 2019.

Marilinha também relembra o convite: "Dadi era uma pessoa linda e estava disponível. Nós o levamos para que todos o conhecessem e o ouvissem tocar. Dadi foi integrado ao grupo no mesmo dia e, embora continuasse morando na casa dos pais, estava sempre com a gente"[21].

A música "A cor do som", citada por Dadi, jamais foi gravada pelos Novos Baianos. Ela acabou dando nome ao grupo que então os acompanhava e, em uma segunda encarnação a partir do final dos anos 1970, fez muito sucesso em todo o país. Mas fez parte do repertório do show do grupo no Teatro Casa Grande, no Rio de Janeiro, em 1971. Foi composta em 1970, logo após a morte de Jimi Hendrix, e sua letra começava assim:

> Depois do corpo / A voz num disco voador / Por que eu sou a cor / Sou a cor do som / E sobre a vida, a morte / E sobre a morte, cantem, dancem

Continua Dadi:

> O Paulinho Lima, que era empresário da Gal, e a Anecy Rocha, irmã do Glauber, descolaram algumas datas no Casa Grande e começaram a produzir o show. Foi nessa época que eles alugaram o famoso apartamento em Botafogo, e chegaram também o Baixinho e o Bola, percussionistas. Então Novos Baianos eram Galvão, Baby, Moraes e Paulinho, acompanhados pela Cor do Som, que ficou sendo Pepeu, Jorginho, Dadi e Baixinho. E o show era uma loucura: nós vestidos de anjo e, na plateia, os nossos amigos aqui do Rio, todo mundo viajando de

---

21 Entrevista ao autor em 12 de junho de 2019.

ácido... e foi assim, com o repertório do *É ferro na boneca*.[22]

Vinte e cinco dias de uma temporada de sucesso no Teatro Casa Grande e a mudança para o apartamento de cobertura da rua Conde de Irajá, 532, em Botafogo.

A comunidade dos Novos Baianos crescia. Uma nova fase se iniciava.

---

22 Entrevista ao autor em 1 de abril de 2019.

E, PELA LEI NATURAL DOS ENCONTROS, EU DEIXO E RECEBO UM TANTO

Foi no apartamento de cobertura da Conde de Irajá que tudo aconteceu: a consolidação da comunidade Novos Baianos, a presença vital de João Gilberto, o conceito e a criação de *Acabou chorare*, como diz Marilinha:

> O nosso grupo cresceu bastante depois que alugamos a cobertura em Botafogo. Os primeiros que lá se instalaram foram os que estavam morando na varanda da casa da atriz Betty Faria, amiga gentil que havia cedido esse espaço pra gente: Galvão, Moraes, o Grandhy (cenógrafo), o Paulinho Boca e eu. Pouco depois, a Baby também foi morar lá. Pepeu chegou em seguida e trouxe o irmão, Jorginho. Gato Félix veio da Bahia para viver com a gente. Bola Morais e Baixinho, que eram de São Paulo, apareceram num fusquinha dizendo que iam passar uns dias

e nunca mais foram embora. A cobertura não era grande, mas cabia todo mundo. Estávamos muito felizes por finalmente ter um espaço só nosso e cada um tratou logo de fazer sua casa dentro do apartamento.[23]

Literalmente. O apartamento virou um *acampartamento*, como bem definiu um de seus assíduos frequentadores, Caetano Veloso. Com esteiras, panos, adereços que lembravam lonas de circo e outras improvisações, foram criados ambientes distintos naquele espaço, refletindo a personalidade e o gosto de cada um dos moradores. Galvão, por exemplo, tirou as portas de um grande armário embutido e fez ali o seu "quarto". Baby e Pepeu penduraram um estrado de cama no teto da varanda, a cerca de um metro e setenta do chão.

Marilinha recorda:

> A varanda era nosso lugar preferido. Sempre tinha alguém por lá fazendo um som; várias músicas foram criadas ou finalizadas ali, "Acabou chorare" entre elas. Não havia móveis no apartamento e, como tínhamos pouquíssimas coisas, armários não faziam falta. As exceções eram uma mesa na cozinha, o fogão, poucas panelas, canecas, talheres, pratos e as esteiras. Todo mundo precisava sentar no chão mesmo. Na hora de fazer alguma refeição, se alguém estivesse fora de casa, a gente esperava a pessoa chegar e só então era colocado na mesa o que tínhamos para comer. Outro preceito que seguíamos era o uso comum das roupas. Todos podiam vestir o que quisessem, nada pertencia a uma pessoa só.[24]

---

23 Entrevista ao autor em 12 de junho de 2019.

24 *Idem*.

Em entrevista ao jornalista Ivan Marsiglia, de *O Estado de S. Paulo*, em 2013, Moraes estendeu-se mais um pouco sobre a vida em comunidade:

> O tema da criação compartilhada sempre me agradou. Está na origem da minha história com os Novos Baianos. E, no nosso caso, com um comprometimento muito sério: resolvemos formar um grupo em que todos não só cantassem juntos, mas morassem juntos e dividissem tudo, em total desapego. Era como se fosse uma nova forma de família, baseada não em laços de sangue, mas de ideias e ideais. Eu, como o Galvão e o Paulinho, vínhamos de famílias tradicionais do interior da Bahia e, de repente, nos vimos num lugar onde ninguém oprimia ninguém – e podíamos criar os filhos como amigos, não daquele jeito rígido como fomos criados. Ninguém era dono de nada e todo mundo era dono de tudo.[25]

Além de Caetano Veloso, estavam entre os frequentadores constantes do apartamento da Conde de Irajá: Glauber Rocha, Torquato Neto, Ivan Cardoso, Capinam, Waly Salomão, Gal Costa, Anecy Rocha e Luiz Melodia. Visitantes que participaram e, de certa forma, contribuíram para a construção daquele ambiente peculiar, uma espécie de laboratório de novos comportamentos, com muita música e altos papos. Uma bolha, uma lufada de ar fresco em meio à caretice oficial daquele Brasil verde-oliva.

E eis que surgiu João Gilberto, como lembra Paulinho Boca de Cantor:

---

[25] Ivan Marsiglia, "Consciente coletivo", *O Estado de S. Paulo*, 17 ago. 2013, disponível em: <https://www.estadao.com.br/noticias/geral,consciente-coletivo,1065076>, acesso em: set. 2019.

> Quase na mesma época em que fomos para o apê de Botafogo, o João Gilberto tinha voltado do México. Desde a adolescência, o Galvão já o conhecia da cidade natal de ambos, Juazeiro da Bahia. Mas ficamos naquela coisa de todo mundo que tenta encontrar-se com o João: vai e volta, marca e desmarca, até que finalmente deu certo. Ele ensaiava vocais com a gente e gostava da voz *rural* do Moraes. A chegada do João nos fez desencaixotar bumbo, pandeiro, cavaquinho; e o repertório que já vinha daquele LP que não deu certo na Philips foi se modificando e se abrasileirando; foi sendo polido, burilado. O importante é que o João nos fez enxergar que a gente já trazia uma bagagem de música brasileira; e que era essa bagagem que tinha que ser mostrada, tínhamos que olhar para dentro de nós mesmos.[26]

As dificuldades financeiras eram enormes nessa primeira fase do apartamento em Botafogo. Os baianos sobreviviam com o que conseguiam de adiantamento em direitos autorais da Som Livre, mas chegaram a pedir dinheiro na rua. Esporadicamente, acontecia também a ajuda de alguns *anjos*, como eles chamavam. João Gilberto foi um destes. Diz Paulinho Boca:

> Os encontros com João foram maravilhosos, parecia contato de português com índio; ele chegava às 4 da manhã com coisa pra gente comer ou com dinheiro para o supermercado, que a gente fazia de madrugada. Era uma loucura.[27]

---

26 Entrevista ao autor em 30 de outubro de 2018.

27 *Idem.*

Sim, João chegava sorrateiramente e sempre de madrugada. Não tocava a campainha, não chamava ninguém; apenas esperava, imóvel e em silêncio, na calçada em frente ao prédio. Invariavelmente, alguém notava a sua presença e descia para abrir a porta. Quando João chegou pela primeira vez, Baby armou uma enorme tenda que serviu de palco para a apresentação de diversos sambas antigos diante de uma plateia de embevecidos Novos Baianos. E esse repertório depois passou a ser reproduzido para os visitantes do apartamento.

Um dos agraciados por esses shows particulares foi Glauber Rocha, para quem os baianos apresentaram uma série de sambas aprendidos com João, entre eles "Antonico" (de Ismael Silva), "Oh! Seu Oscar" (de Wilson Batista) e, em primeira mão, "Brasil pandeiro". Glauber, que já conhecia a música da primeira gravação feita pelos Anjos do Inferno, disse: "Vai ser sucesso! O sucesso que seria com Carmen Miranda, se ela a tivesse gravado"[28].

São muitas as narrativas fantasiosas ou exageradas envolvendo João Gilberto, e que colaboraram decisivamente para a fama de *esquisitão* que acompanhou o músico baiano até a sua morte recente (em 6 de julho de 2019). É difícil comprovar a veracidade da maior parte delas. Em relação aos Novos Baianos, uma dessas histórias dá conta de que João teria batido à porta do apartamento da Conde de Irajá e, ao ver pelo olho mágico aquela figura austera, de terno, óculos e cabelo curtinho, Dadi o teria confundido com um policial. Dado o alarme, os Novos Baianos correram para jogar fora tudo o que estava *em cima* e, assim, livrarem-se do flagrante.

---

28 Glauber Rocha *apud* Luiz Galvão, *Novos Baianos: a história do grupo que mudou a MPB*, op. cit., p. 125.

Mas há controvérsias. Primeiro, porque João, ou qualquer outro visitante, teria antes que ultrapassar o portão do prédio (que alguém deveria abrir) para então chegar à porta do apartamento. Também ninguém se lembra com exatidão se na porta do apartamento havia realmente um olho mágico. E por último, como já dito, João Gilberto jamais tocou a campainha, nem no portão que dava para a calçada e muito menos na porta do apartamento. Mesmo assim, a lenda virou quase verdade.

Dadi contesta:

> Em princípio, não fui eu que contei essa história. Foi o Moraes que começou a espalhar isso e eu acabei acreditando porque, na verdade, não me lembro[29]. Quer dizer, até pode ser que tenha acontecido mesmo.[30]

Paulinho é mais enfático:

> Essa história não é verdade e o João não gostava dela, porque não lhe agradava essa coisa de ser confundido com um cana. A cena aconteceu, mas foi com uma outra pessoa, um maluco amigo nosso, o Roberto da Dona Ágata, que era lá do bairro do Imirim. O que é verdade é que João chegava de madrugada sem avisar e nossa grande diversão era ficar esperando ele chegar porque daí rolava uma telepatia; a gente sabia o dia e a hora que ele chegava.[31]

---

29 Dadi conta ter confundido João com um policial a Charles Gavin, no programa *O Som do Vinil*. Como ele diz, talvez adotando a versão "espalhada" por Moraes. "Acabou chorare e os Novos Baianos", *O Som do Vinil, op. cit.* [N.E.]

30 Entrevista ao autor em 1 de abril de 2019.

31 Entrevista ao autor em 30 de outubro de 2018.

Muito se falou sobre a participação decisiva de João na concepção de *Acabou chorare*, mas Marilinha revela outros aspectos da influência gilbertiana nos Novos Baianos:

> Numa madrugada, eu senti a presença de mais alguém dentro do quarto onde dormia com Paulinho Boca e nossa filha. Abri os olhos e vi João em pé, bem pertinho, nos observando. Galvão tinha conseguido trazer João até o apartamento e estava mostrando nossa bebezinha, a Buchinha (ela ainda não tinha nome, era chamada assim por ser a filha do Boca de Cantor, o La Bouche). Além da influência musical, aprendemos com ele outras coisas maravilhosas, sobre a importância da respiração correta, tanto para quem canta como para quem quer se acalmar. Ensinou pacientemente qual o melhor jeito para carregar uma criança e transmitir a ela amor e energia, pressionando as mãos em suas articulações. E apresentou pra gente a obra de Paramahansa Yogananda: trouxe para o apartamento o primeiro livro dele, *Autobiografia de um iogue*, que passou de mão em mão, sendo que alguns assimilaram seus ensinamentos para toda a vida. Agradeço muito ao João por ter me dado esse presente, que guardo comigo até hoje.[32]

No livro em que conta a história do grupo, Galvão detalhou seu reencontro com João Gilberto:

> Depois que retornou ao Brasil em 1971, João soube da minha presença no Rio, descobriu nosso endereço e mandou o número de seu telefone por um primo. Corri para o orelhão na esquina e nos falamos. "Luizinho, venha

---

32 Entrevista ao autor em 12 de junho de 2019.

às duas da madrugada que eu tenho um presente pra você... Um encontro é coisa séria. É o melhor que se pode dar a alguém". Pelo telefone mesmo, ele cantou duas músicas que eu nunca tinha ouvido: "Antonico" e "Santo Antônio Antigo" (de Jota Costa, José Gonçalves e Marino Pinto). João Gilberto é, para os Novos Baianos, mais do que um mestre. Desde que ele começou a frequentar o apê, o fantasma do baixo astral que invadia a nossa intimidade desapareceu como que por encanto. De quebra, rolaram sambas *cinco estrelas* que estavam guardados no coraçao de João Gilberto.[33]

No filme *Filhos de João: o admirável mundo novo baiano*, dirigido por Henrique Dantas, o poeta dos Novos Baianos complementou:

No apartamento de Botafogo, ele ficava até a gente não querer mais. E a gente aprendia: música, poesia e vida. Teve um dia que João cantava na sala; num quarto, Caetano; e, no outro, Gal. Depois, juntou todo mundo. Foi o festival mais importante da MPB. Cinema, política e Bahia, tudo no apê da Conde de Irajá.[34]

Foi no processo de apuração e produção de seu filme que o diretor Henrique Dantas, nascido junto com *Acabou chorare*, em 1972, se deu conta de que a importância de João Gilberto transcende os Novos Baianos e a própria bossa nova:

---

33 Luiz Galvão, *Novos Baianos: a história do grupo que mudou a MPB*, op. cit., p. 92.

34 *Filhos de João: o admirável mundo novo baiano*, Henrique Dantas, São Paulo: Pipa Filmes, 2009.

> Quando comecei a fazer as entrevistas, percebi que João não era apenas a figura do pai da bossa nova. Para o grupo, ele ensinou o caminho de casa, de Jacob do Bandolim, do cavaquinho, do pandeiro, dessas pessoas que habitaram o século XX da música brasileira e que formaram a cara musical do Brasil. E, para a música brasileira em geral, João é que nem Jesus Cristo. Existe o antes e o depois de Cristo; e existe o antes e o depois de João.[35]

Essa percepção foi confirmada por Baby, em entrevista para *O Som do Vinil*, de Charles Gavin: "O João é a pedra fundamental. Ele não chegou antes; ele já estava antes, ele trouxe um caminho pra nós e pra toda a música do Brasil. Aquela coisa tão tranquila, mas tão suingada, milimetricamente suingada"[36].

É realmente impressionante o tamanho da influência de João Gilberto nos Novos Baianos. Evidente na diferença abissal entre o primeiro e o segundo disco do grupo, mas também na própria concepção de música, na relação com os instrumentos musicais, na forma de cantar, na vida de cada um deles.

Como disse Pepeu no mesmo *O Som do Vinil*:

> O João foi e é o nosso guru musical. O pouco que eu sei de tocar violão aprendi com ele. Nas noites com João, eu ficava observando muito, nunca tomei a liberdade de pegar o violão e sair tocando perto dele. Sempre tive medo, até que ele me chamou e disse que queria me ensinar uma música. Tocou "Um Abraço no Bonfá", de sua autoria.[37]

---

35 Entrevista ao autor em 25 de abril de 2019.
36 "Acabou chorare e os Novos Baianos", *O Som do Vinil*, *op. cit*.
37 *Ibidem*.

É indiscutível: da mesma forma que os Novos Baianos só se tornaram o que foram por causa do espírito de comunidade unindo as pessoas naquela congregação única em seu tempo, *Acabou chorare* só foi possível por obra e graça da presença de João Gilberto. Moraes Moreira já disse que falta na ficha técnica do disco a função de *produtor espiritual*, a ser creditada, evidentemente, ao sócio-fundador da bossa nova – título que, aliás, o próprio João sempre recusou, definindo-se apenas como um cantor de samba.

Em entrevista concedida em 2014 para o jornalista Gonçalo Júnior, Moraes contou:

> João acordou a semente de brasilidade até então adormecida em nossos corações. O país vivia um momento difícil, massacrado pela ditadura. A autoestima de todos estava lá embaixo. Éramos muito influenciados pelo rock dos anos 1970. E João fez com que a gente olhasse também para Assis Valente, Herivelto Martins, Noel Rosa, o samba e o batuque deste Brasil lindo, musical. Por causa dele, o conceito do disco ficou assim: *brasilidade universal, tradição e modernidade*. João queria o nosso trabalho com dose maior de brasilidade. De imediato, Pepeu e eu começamos a introduzir no grupo ritmos e instrumentos brasileiríssimos, como cavaquinho, bandolim e pandeiro. Misturamos linguagens, Jimi Hendrix com Waldir Azevedo, Janis Joplin com Ademilde Fonseca, acústico e elétrico. A intervenção de João foi fundamental para a estética musical da banda, mas o primeiro impacto foi difícil: quando o vi tocando na minha frente, eu pensei em simplesmente desistir de tocar, em parar de fazer música.[38]

---

38 Gonçalo Júnior, "Acabou chorare 40 anos", *Desacato*, 6 jun. 2014, disponível em: <http://desacato.info/acabou-chorare-40-anos/>, acesso em: out. 2019.

Mas isso evidentemente não aconteceu: para a sorte da música brasileira e o bem geral da nação, o próximo passo de Moraes e dos Novos Baianos foi *Acabou chorare*.

ACABOU CHORARE,
FICOU TUDO LINDO

Não teve relação de causa e consequência, mas logo em seguida à frustrada tentativa de gravação do segundo LP dos Novos Baianos, João Araújo saiu da Philips e assumiu a direção da Som Livre, gravadora ligada à Rede Globo e criada, a princípio, para lançar as trilhas sonoras dos programas da casa.

No entanto, Araújo conseguiu emplacar seus *protegidos* como primeiro nome do *cast* próprio da Som Livre. Chamou o produtor e também músico Eustáquio Sena e, junto aos Novos Baianos, começaram a viabilizar a gravação de *Acabou chorare*.

As músicas e os arranjos já estavam praticamente definidos: surgiram naturalmente depois das sessões com João Gilberto no apartamento de Botafogo. Algumas foram totalmente compostas ali, enquanto outras já faziam parte do projeto abortado na Philips, mas suas letras foram revistas e, mais importante, ganharam outra roupagem a partir dos novos arranjos de Moraes e Pepeu, de acordo com a proposta de *abrasileiramento* do som até então pop-rock do grupo, como conta Paulinho Boca:

> A gravação rolou num clima superdemocrático e sem conflito nenhum; a gente já sabia quem ia cantar o quê, não tinha discussão, não tinha clima ruim. Todo mundo no grupo tinha voz, todo mundo era igual. A gente tocava todo dia e a execução foi ficando primorosa. Quando fomos gravar, a coisa toda estava tinindo. Gravamos rápido, com muita criação coletiva ali, na hora, com todo mundo dando pitaco. A gente tinha um entusiasmo muito grande, mas não tinha ideia de porra nenhuma; nem imaginávamos que *Acabou chorare* ia ser essa coisa perene ou o sucesso que foi, na época.[39]

A recém-nascida Som Livre não possuía estúdio próprio. E, no começo daqueles anos 1970, as condições técnicas dos estúdios nacionais estavam longe de ser uma maravilha. Dadi lembra sobre a gravação do álbum:

> Gravamos o *Acabou chorare* em quatro canais no estúdio Somil, também em Botafogo. Era projetado para sonorizar cinema, mas tinha uma sala que era o estúdio de música mesmo. A base, de forma geral, era eu no baixo, Pepeu na guitarra, Baixinho na bateria e Moraes no violão. A gente estava tão ensaiado que matava quase tudo de primeira, era muito rápido. Essa base era gravada em dois canais, que depois eram reduzidos a apenas um. Por isso, era preciso gravar já meio que mixando, porque sobravam três canais pra botar as vozes, mais percussão, mais outros instrumentos. Lembro

---

39 Entrevista ao autor em 30 de outubro de 2018.

> do Moraes botando voz em "Preta pretinha", ele de pé e a gente um pouco atrás fazendo o vocal *enquanto corria a barca*, já colocando a voz em cima da base que a gente tinha gravado. Mas foi uma coisa fácil, o repertório estava dentro da gente.[40]

A essa base foram sendo acrescentadas as vozes de Baby, Paulinho e Moraes, além do cavaquinho de Jorginho (às vezes, revezando com Baixinho na bateria) e das percussões de Charles Negrita e Bola. Baixinho também tocou bumbo em algumas faixas, enquanto Baby adicionou agogô, afoxé, triângulo e maracas. O pandeiro tocado por Paulinho teve papel de destaque no disco, enquanto uma craviola, instrumento de 12 cordas criado por Paulinho Nogueira, também foi acrescentada por Pepeu em determinadas faixas de *Acabou chorare*, nas gravações que aconteciam do começo da madrugada até o raiar do dia.

Ao jornalista Gonçalo Júnior, Moraes lembrou a harmonia na escolha dos intérpretes de cada música: "Na verdade, acho que as canções escolhiam seus intérpretes. Baby, Paulinho e eu fazíamos um bom revezamento nessa função de solistas"[41].

* * *

A distribuição bem equilibrada das faixas de *Acabou chorare* pelos três vocalistas dos Novos Baianos confere saudável variedade ao disco, sem nunca perder o fio condutor da brasilidade *moderna* aliada a uma atitude *rocker*; essa é, certamente, uma das razões do êxito e da perenidade do álbum. Assim,

---

40 Entrevista ao autor em 1 de abril de 2019.

41 Gonçalo Júnior, "Acabou chorare 40 anos", *Desacato, op. cit.*

enquanto "Preta pretinha", "Besta é tu" e a faixa-
-título destacam a voz de Moraes Moreira e "Brasil
pandeiro" traz a bem-sucedida integração entre os
três cantores, "Swing de Campo Grande" e "Mistério do planeta" são ideais para o desfile da categoria
vocal de Paulinho Boca de Cantor. Para completar,
"Tinindo trincando" e "A menina dança" foram os
veículos perfeitos para a afirmação do tipo de interpretação carregada de frescor, naturalidade e garra
que viraram as marcas do jeito muito particular do
cantar de Baby Consuelo.

BRASIL PANDEIRO

Uma das importantes decisões conjuntas foi a
definição de "Brasil pandeiro" como faixa de
abertura do álbum; e também a única cantada
alternadamente pelos três cantores do grupo.
João Gilberto teria apresentado "Brasil pandeiro"
aos Novos Baianos com a recomendação: "Essa
música é a cara de vocês". E assim acabou sendo
a única música de *Acabou chorare* não composta
por algum dos integrantes do grupo. Assis Valente
compôs "Brasil pandeiro" em 1940, junto com
"Recenseamento". Ambas foram escritas para a
interpretação de Carmen Miranda, que voltava ao
Brasil naquele ano. A cantora gravou a segunda,
mas não gostou da primeira, sobre a qual teria
dito: "Assis, isso não presta. Você ficou borocoxô".
Mas em 1942, exatamente trinta anos antes de
Acabou chorare, a música foi lançada pelos Anjos
do Inferno. Não teve grande repercussão na época,
em comparação com os muitos sucessos enfileira-
dos pelo grupo vocal de meados dos anos 1930 até
quase o final da década de 1950. João Gilberto,
membro dos Anjos do Inferno já em sua fase final,
era um grande fã do repertório consagrado pelo
grupo. Entre as músicas lançadas por eles e que

viraram marcas registradas gilbertianas, estão: "Acontece que eu sou baiano", "Rosa morena" e "Você já foi à Bahia?" (todas de Dorival Caymmi), "Adeus, América" (de Geraldo Jacques e Haroldo Barbosa), "Bolinha de papel" (de Geraldo Pereira) e "Doralice" (de Antônio Almeida e Dorival Caymmi).

Curiosamente, João jamais gravou "Brasil pandeiro" e não consta que tenha cantado o samba-exaltação de Assis Valente em algum de seus muitos shows, no Brasil ou no exterior. Esse é mais um mistério que morreu com o mestre.

PRETA PRETINHA

A primeira música a catapultar *Acabou chorare* para o topo das paradas de sucessos (sim, existia isso na época) e bater recordes de execução em emissoras de rádio de todo o país foi "Preta pretinha". Com seis minutos e meio, a faixa não se encaixava no padrão radiofônico, engessado por músicas com três a quatro minutos de duração, no máximo. Por isso, convencidos por João Araújo, os Novos Baianos incluíram uma versão reduzida da canção como a última faixa do álbum. Para surpresa geral, a versão longa tocou muito mais.

Interessante notar que a faixa destoa do restante de *Acabou chorare* por seu jeito de balada interiorana, quase uma moda de viola, com inegável apelo popular. Isso é confirmado por Moraes, que assim que ouviu a letra de "Preta pretinha" recitada por Galvão, partiu para a elaboração da melodia: "Peguei o violão e comecei a cantarolar. Surgiu uma melodia singela e popular. E era tão natural que, em certos momentos, perguntei se ela já existia"[42], disse o compositor em entrevista a Gonçalo Júnior.

---

42 *Ibidem.*

É notável a semelhança do trecho "Abre a porta e a janela / e vem ver", de "Preta pretinha", com o arrasta-pé "Cana verde", composto e gravado por Tonico e Tinoco, em 1958. Pela época, é possível que a música da dupla paulista tenha ecoado pelo serviço de alto-falante da praça de Ituaçu e se instalado no subconsciente do então menino Moraes[43].

Depois do estouro de "Preta pretinha", surgiram várias possíveis musas inspiradoras da letra de Galvão. Em seu livro, o compositor esclareceu a origem da inspiração:

> É a minha principal letra romântica: embora tenha curtíssima letra, o duplo sentido a torna também uma música de cunho social... Buscávamos, como objetivo maior, chamar a atenção para pontos positivos da experiência vivida por aquela juventude. O que ficou realmente evidenciado foi o lado romântico. A minha versão sobre a inspiração de "Preta pretinha" acopla todas as histórias e admite todas as musas, além da que serviu de pivô: uma jovem combinou que eu fosse a Niterói conhecer seu pai. Na volta, ela viria morar comigo no apartamento dos Novos Baianos em Botafogo. Pegamos a barca, conheci o pai dela, mas na volta ela se arrependeu e voltou para o seu namorado. À noite, escrevi a letra sob o impacto desse insucesso; na certa, o subconsciente deu uma volta panorâmica por todas as minhas histórias de amor. O segredo da letra de "Preta pretinha" é a simplicidade, é um poema-atalho, muito bem casado com a música.[44]

---

[43] "Cana verde" está disponível em: <https://www.youtube.com/watch?v=5plgYLtnMwc>, acesso em: out. 2019.

[44] Luiz Galvão, *Novos Baianos: a história do grupo que mudou a MPB, op. cit.*, pp. 129-31.

BESTA É TU

"Besta é tu" tem a cara de Moraes Moreira, que trouxe para os Novos Baianos a influência do samba de roda do Recôncavo baiano e do alto-falante na praça. Assim, a música é um samba rasgado meio carioca e meio baiano, inspirado em um velho método de aprendizado de violão, muito conhecido na Bahia: a repetição de uma batida nas cordas que logo a gaiatice típica da terra ligou à onomatopeia *besta é tu*. Em sua letra, Galvão aproveitou-se da ideia para fazer uma verdadeira ode ao desbunde, que pode ser lida como uma tropicalização inconsciente do famoso *slogan* da contracultura norte-americana *turn on, tune in, drop out* (em tradução livre, "se ligue, entre em sintonia, caia fora"), popularizado pelo papa do LSD Timothy Leary, em 1966. No *baianês* de Galvão, isso virou uma celebração à vida e à alegria naqueles tempos difíceis, no quase mantra:

> Não viver esse mundo / Por que não viver? /
> Se não há outro mundo / Por que não viver? /
> Não viver outro mundo

Um chamado para largar a caretice da seriedade e viver uma nova vida, se jogar no mundo. No apartamento de Botafogo, e logo depois no sítio de Jacarepaguá, era comum encontrar os Novos Baianos viajando de ácido e tocando a canção por horas a fio. Para Paulinho Boca, "Besta é tu" era "foda; um banho de sol na manhã brasileira"[45].

---

45 Entrevista ao autor em 30 de outubro de 2018.

ACABOU CHORARE

Virou quase lenda a história de Bebel, filha de João Gilberto que, ao sofrer um pequeno acidente doméstico quando criança, abriu o berreiro; acudida pelos pais, soltou a célebre "Tá tudo bem, papai. Acabou chorare". Virou quase lenda, mas foi o que realmente aconteceu. Ao lado disso, há o relato de Galvão sobre a abelha que pousou em sua mão:

> Fiz "Acabou chorare" para João, porque uma abelha sentara na minha mão numa madrugada lá no apartamento. Uma abelha foi capaz de voar alto ao ponto de chegar ao quarto andar e entrar no meu quarto. Num movimento automático, estendi a minha mão direita e ela veio pousar bem no meio da minha palma... A abelha desapareceu pelas frestas da janela, mas deu ingredientes para a chama da inspiração do nascimento da letra da música "Acabou chorare", para a qual foi fundamental o dedo de João Gilberto e de sua filha Bebel. À noite, fui ao Leblon no apartamento de Rogério Duarte... Eu nem tinha esquentado o sofá e a abelhinha que fizera amizade comigo na madrugada daquele dia voltou a sentar na minha mão... Telefonei para João Gilberto contando que estava fazendo uma letra sobre essa relação com a abelhinha. João disse: "Puxa, Luizinho! Eu estava falando com o poeta Capinam e ele lembrava que a abelha beija a flor e faz o mel, e eu gostei e completei: e ainda faz zum-zum". Perguntei a João: "Posso usar isso?". E ele aprovou, dizendo: "Deve".[46]

Em seguida, João contou a Galvão a hoje célebre historinha da filha Bebel. Mas, além da letra, a melodia e o arranjo de "Acabou chorare" são também os

---

46 Luiz Galvão, *Novos Baianos: a história do grupo que mudou a MPB*, op. cit., pp. 121-2.

mais gilbertianos do disco, com sua levada de bossa nova no violão de Moraes que, diga-se de passagem, passou a tocar dessa maneira depois das sessões com João Gilberto; antes, como se pode ouvir em *É ferro na boneca*, sua mão direita seguia a cartilha mais simples da palhetada, do *chacundum* do rock um tanto primário. E tem mais: conforme escreveu o poeta e letrista Carlos Rennó no livro *Acabou chorare*, de Ana de Oliveira, "sabe quem é o carneirinho que suavemente presente na boca vem e acorda toda gente com suave mé? João"[47]. Faz sentido.

SWING DE CAMPO GRANDE

O mistério do planeta *Acabou chorare* é João Gilberto, lógico. Ele, que sempre viveu envolto em mistérios que lhe foram creditados, na maioria das vezes, pelos outros. Sim, porque João viveu uma vida muito simples, quase ascética em seu minimalismo, em sua quase invisibilidade. E é de invisibilidade que trata "Swing de Campo Grande", conforme conta Paulinho Boca:

> Na barra-pesada da época, os militares e a polícia achavam que éramos terroristas fantasiados de *hippies*. Quando saímos da prisão em Salvador para darmos um tempo em Arembepe, encontramos um rezador e ele aconselhou tranquilidade nas horas difíceis. Ele dizia: "Vocês são gente legal. O mal não colocará seus olhos em vocês. Quando receberem mau-olhado, virem toco, virem moita[48], olhem para as suas

---

47 Carlos Rennó, "Acabou chorare", em: Ana de Oliveira, *Acabou chorare, op. cit.*, p. 58.

48 Tomando o conselho do rezador, Paulinho Boca de Cantor canta a letra de Galvão: "Eu não marco touca / eu viro toco / eu viro moita". [N.E.]

próprias línguas". Daí, passávamos pelos postos da Polícia Rodoviária e olhávamos para dentro, para as nossas línguas. Assim, ninguém nos veria. E a coisa funcionava: ficamos cinco anos sem pagar o IPVA do automóvel.[49]

"Swing de Campo Grande" (no encarte do álbum, anotado na letra cursiva de Galvão, aparece como "Swing *do* Campo Grande") é um samba quase tradicional, mas com trabalho primoroso das cordas entrelaçadas pelo violão de Moraes, o cavaquinho de Jorginho e a craviola de Pepeu.

MISTÉRIO DO PLANETA

"Um encontro é coisa séria. É o melhor que se pode dar a alguém"[50], havia dito João Gilberto a Galvão. O letrista dos Novos Baianos, mestre na transposição de frases e fatos do cotidiano para a poesia musical, transformou o dito gilbertiano em parte da letra de "Mistério do planeta":

> E pela lei natural dos encontros / Eu deixo e recebo um tanto

E a letra ainda traz a enigmática referência ao *tríplice mistério do stop*, que ninguém sabe direito o que quer dizer. Galvão nunca explicou; ou melhor, explicou de diferentes formas, de acordo com a ocasião e o interlocutor. Paulinho diz: "Pra mim, seria nascimento, vida e morte. Mas cada um entende de um jeito"[51].

---

[49] Entrevista ao autor em 30 de outubro de 2018.

[50] Luiz Galvão, *Novos Baianos: a história do grupo que mudou a MPB*, op. cit., p. 92.

[51] Entrevista ao autor em 30 de outubro de 2018.

"Mistério do planeta" tem uma levada que se aproxima do jazz até desembarcar no puro rock, com solo arrasador da guitarra de Pepeu, nessa faixa com ecos de Carlos Santana e John McLaughlin.

"Swing de Campo Grande" e "Mistério do planeta" são plataformas ideais para Paulinho Boca de Cantor exibir sua categoria vocal, burilada nos tempos de *crooner* da Carlito e sua Orquestra, sucesso nos bailes do interior baiano no começo dos anos 1960.

UM BILHETE PRA DIDI

A ousadia típica de Pepeu é o que se ouve na única faixa instrumental do disco. A falsamente singela "Um bilhete pra Didi", recado musical do compositor Jorginho a seu irmão baixista que mais tarde se uniria ao grupo.

Começa com o cavaquinho do autor, mais zabumba e triângulo, numa atmosfera de festas de largo, tão comuns na Bahia, para depois atingir uma eletrificação que, ao mesmo tempo, agride e complementa a delicadeza da primeira parte, em simbiose surpreendente para aqueles tempos.

TININDO TRINCANDO

E temos Baby. Ah, Baby... "Tinindo trincando" e "A menina dança" têm letras feitas por Galvão especialmente para ela, ambas com explosivos arranjos onde a mistura rock/MPB atinge seu ápice, valorizadas por dois dos melhores solos já produzidos pela guitarra de Pepeu. As duas músicas trazem inspirados achados poéticos de Galvão. Em "Tinindo trincando", a dualidade não/sim em versos como:

> Eu vou assim / E venho assim / Porque quem vai de não / Não chega a não / Chega não porque pra ir / Só mesmo assim / Só mesmo assim / A sim

A MENINA DANÇA

As referências criativas à novidade e à ousadia quase arrogante do canto novo de Baby, que chegava quando parecia não haver espaço para mais uma cantora naquela cena preenchida por Elis, Gal e Bethânia, dão o tom em "A menina dança":

> Quando cheguei tudo, tudo / Tudo estava virado / Apenas viro, me viro / Mas eu mesma viro os olhinhos / Só entro no jogo porque / Estou mesmo depois / Depois de esgotar / O tempo regulamentar / De um lado o olho desaforo / E o que diz o meu nariz arrebitado / E não levo para casa, mas se você vem perto eu vou lá / Eu vou lá!

Não por acaso, tanto "Tinindo trincando" como "A menina dança" permanecem até hoje como números obrigatórios do repertório de Baby, assim como são, desde então, interpretações destacadas por várias cantoras como influências importantes em suas carreiras.

CAPA

Além do conteúdo, outro ponto relevante de *Acabou chorare* foi sua estética. Em uma época em que ainda era quase obrigatória a presença do artista ou do grupo protagonizando as capas dos discos, *Acabou chorare* trazia uma mesa desarrumada, nada produzida, mas que retratava muito bem o conceito da vida em comunidade, da simplicidade e, por que não, de uma brasilidade comum e acessível, para ser compartilhada.

Detalhe: como já relatado, as músicas do disco foram compostas antes ou durante a estada do grupo no apartamento de Botafogo, assim como sua gravação. Mas as fotos da capa e do encarte foram realizadas com o grupo já morando no sítio de Jacarepaguá.

A produção gráfica e as fotos ficaram por conta de Lula Martins, que havia sido o protagonista do filme *Meteorango Kid: herói intergalático*. Lula já havia feito a capa do compacto duplo lançado pela RGE e viria a assinar outras capas dos Novos Baianos. Em *Acabou chorare*, ele acrescentou ilustrações desenhadas com canetas esferográficas e hidrocor. O trabalho recebeu o prêmio de melhor produção gráfica daquele ano de 1972.

O encarte era rico em fotos de todos os integrantes e trazia as letras das músicas na caligrafia cursiva de Galvão, que também assinava um longo texto imagético, apresentando a linha de raciocínio caótica/lisérgica, bem característica do grupo. Além disso, havia a chancela da *alta intelectualidade*, representada por um elegante texto de apresentação do poeta concretista Augusto de Campos, que, em sua capacidade de síntese, conseguiu resumir toda uma época, o conceito do disco e a importância daquele momento em suas quatro frases finais:

> eu não sei se o sonho acabou / eu não sei se o sono acabou / eu não sei se o som acabou / mas acabou chorare

O disco, com sua arrojada orgia de guitarras, pandeiros e cavaquinhos, foi lançado quando ainda ecoava uma discussão que hoje soa absurda, sobre a presença de instrumentos elétricos em gêneros nacionais como o samba e o choro. E essa foi só a primeira surpresa: ato contínuo, o país começou a prestar mais atenção naquele estranho bando de cabeludos que vivia em comunidade *hippie* e exibia uma alegria de viver para muitos incompatível com aquele ano de 1972, do apogeu mais sombrio da ditadura.

Paralelamente ao sucesso inesperado – 150 mil cópias vendidas em tempo recorde na época –, uma aura mística em torno dos Novos Baianos passou a ser alimentada pela circulação de boatos que ligavam os integrantes do grupo a experiências com drogas e a prática do amor livre.

E, para incrementar o atraente mistério, os Novos Baianos cantavam letras que, para muita gente, não faziam sentido; os militares, por exemplo, não enxergavam ali "linguagem subversiva" ou "mensagens subliminares contra a ordem e os bons costumes", jargões utilizados pela rígida censura para banir boa parte da produção cultural daqueles anos. Se o regime não os levava a sério, o mesmo se pode dizer da intelectualidade de então, quebrada pelo exílio em terras estrangeiras ou atarantada em meio ao desânimo local.

Nesse cenário, também a crítica musical a princípio não deu muita bola para *Acabou chorare*, aparentando estar mais ocupada com a recente volta de Caetano e Gil do exílio, com o programa de TV *Som Livre Exportação*, de Elis Regina e Ivan Lins, e ainda digerindo a seriedade do LP *Construção*, lançado no ano anterior por Chico Buarque.

Assim, ninguém na época imaginava que *Acabou chorare* se consolidaria como um dos melhores e mais influentes discos da música brasileira em todos os tempos.

PEPEU, CABELUDO DANADO!

Do ponto de vista estritamente técnico e musical, a marca de *Acabou chorare* é o bem-sucedido amálgama entre a música brasileira *de raiz*, inspirada por João Gilberto, e o rock internacional. Característica possibilitada na prática, em sua maior parte, pelo talento de Pepeu Gomes.

No começo dos anos 1970, as referências de guitarra brasileira para quem se iniciava no instrumento eram Serginho Dias, dos Mutantes, e Lanny Gordin, que se destacava principalmente como *sideman* nos shows de Gal Costa e como músico de estúdio, em gravações diversas. Ambos foram também influências importantes para Pepeu, emulando muitos dos avanços alcançados no instrumento por nomes como Eric Clapton, Jeff Beck e, principalmente, Jimi Hendrix.

No entanto, Serginho e os Mutantes em sua segunda fase, pós-Rita Lee, migraram para o rock progressivo estilo Yes, enquanto Lanny mergulhava em problemas psíquicos potencializados pelo uso de drogas. A verdade é que nenhum dos dois se firmou como representante ou ponta de lança de uma vertente que poderia ser definida como de uma *guitarra brasileira*. Esse espaço ficou reservado para Pepeu.

Para Luiz Chagas, guitarrista que fez seu nome na banda Isca de Polícia, de Itamar Assumpção: "O som que ele tirava ninguém tirava. Ele é genial. Não é que ele é um bom guitarrista; ele é o Pepeu. Tem o Hendrix, tem o Clapton, tem o Jeff Beck e tem o Pepeu. É assim"[52].

Pepeu nasceu na favela Roça do Lobo, periferia do bairro dos Barris, em Salvador, local que abrigou a primeira academia de capoeira do país, aberta pelo lendário Mestre Bimba. Apesar da dificuldade do dia a dia, ou talvez exatamente por causa disso, a numerosa família de Pepeu (um de dez irmãos) era muito ligada em música. Com apenas 9 anos de idade, o menino já tirava som de qualquer coisa que caísse em suas mãos. Aos 11, participava do grupo Os Gatos. Dos 12 aos 16 anos, fez parte dos Minos, que alcançou relativo destaque nos programas de TV locais e chegou a gravar dois compactos simples. Até então, Pepeu era baixista. Logo depois, já como integrante dos Leifs, como relatado nas páginas anteriores, foi *descoberto* ao mesmo tempo por Gilberto Gil e por Luiz Galvão; e descobriu Jimi Hendrix. Nascia ali o guitarrista.

Armandinho Macedo, inventor da guitarra baiana e exímio guitarrista do Trio Elétrico Dodô e Osmar e da Cor do Som em sua versão pós-Novos Baianos, tem uma longa história ao lado de Pepeu:

> Conheço Pepeu desde os 11 anos de idade, com Os Minos. Mas começamos a nos relacionar mesmo quando eu tinha 15 anos, em

---

[52] Entrevista ao autor em 20 de outubro de 2018.

1969. A gente estava naquela de Jimi Hendrix e daí estourou *Acabou chorare*, com ele misturando samba com guitarra. Em 1973, numa passagem dos Novos Baianos por Salvador, ele me mostrou seu bandolim, que era afinado como guitarra. Disse a ele que não devia tocar no trio elétrico com aquele instrumento e nem tocar choro daquele jeito, porque essa afinação não possibilita você reproduzir determinadas coisas. Daí afinei o bandolim de Pepeu como se afina um bandolim e uma guitarra baiana. Um ano depois, no Carnaval de 1974, ele saiu como nosso convidado em cima da fobica do Dodô e Osmar. Eu já tinha uma influência de Hendrix, mas tocava aquele cavaquinho que meu pai me passou, não era a guitarra baiana ainda. Quando o Moraes me chamou pra tocar com ele no início de sua carreira solo, no que foi o embrião da Cor do Som, passei a usar o cavaquinho no lugar da guitarra, coloquei uma quinta corda; é então que muda o instrumento, e o nome "guitarra baiana" aparece nos discos da Cor e do Trio, ao invés de cavaquinho elétrico. Mas nunca registrei, nunca patenteei porra nenhuma, não fiz nada. No Carnaval de 1974, o Pepeu ainda não tocava nessa afinação, mas no ano seguinte ele começou a estudar a guitarra baiana nessa afinação e, em 1976, eles começaram a sair com o trio elétrico próprio, dos Novos Baianos, já com essa linguagem. Essa renovação foi fundamental e eu fui essa pessoa que transformou o cavaquinho numa guitarra, mas não tinha pedal, não tinha distorção, não tinha nada. Ainda em 1973, o Pepeu me emprestou uma distorção dele, feita em casa: era tudo colado, parecia um cocô endurecido e não dava pra saber como era feito. Se abrisse, quebrava a cola e o sistema todo. O Pepeu me disse que o cara que tinha feito conseguiu tirar daquilo um som igual ao do Hendrix. Pepeu é minha referência de guitarra brasileira,

> o cara por quem eu tenho a maior admiração, que ensinou muita coisa pra gente. Na época em que ele surgiu, a referência pra mim era Mutantes, Serginho Dias. Mas quando apareceu Pepeu com a guitarra de samba com Hendrix, mais a junção de bossa nova e música brasileira regional... foi uma das coisas mais importantes que já aconteceram na música instrumental brasileira.[53]

O cara mencionado por Armandinho, que construiu a distorção *cocô endurecido* de Pepeu, era o técnico de som dos Novos Baianos, Paulo César Salomão, já falecido. Mineiro de Guaranésia, Salomão era amigo de Pepeu desde a banda Enigmas e foi morar com o grupo no sítio-comunidade de Jacarepaguá, onde instalou caixas de som pelas árvores e passava noites em claro estudando maneiras de incrementar o som dos Novos Baianos e especialmente da guitarra de Pepeu, que era, na época de *Acabou chorare*, uma Giannini Stratosonic, instrumento nacional de pouquíssimos recursos. Quem conta é Luiz Chagas:

> O Pepeu tinha o Salomão, sei que o Lanny tinha também um técnico de som e o Serginho Dias tinha o irmão Cláudio, o especialista por trás do som dos Mutantes. É pela amplificação que se tira o som. Numa guitarra elétrica, o segredo está nos captadores e na forma pela qual o som é amplificado. As grandes guitarras, como Fender e Gibson, têm grandes captadores. Em uma Stratosonic, você toca, o captador não responde e é preciso preencher com palhetada, com o chamado *chacundum*. E o Pepeu não tinha *chacundum* em nenhum momento, mesmo tocando com aquela guitarra e com aqueles

---

53 Entrevista ao autor em 27 de março de 2019.

> amplificadores. Os grupos da jovem guarda da época, Shadows, Jordans, Jet Blacks, tinham guitarras importadas, mas, mesmo assim, não iam muito além do *chacundum*, enquanto Pepeu tirava um som que ninguém conseguia.[54]

Desde sempre apaixonados por futebol, os Novos Baianos tinham comprado uma televisão para assistir às partidas da Copa de 1970, mas depois disso o aparelho ficou meio abandonado. Foi quando Pepeu e Salomão resolveram desmontá-lo e usaram os capacitores da TV para turbinar a Stratosonic.

Para Dadi, "O som do Pepeu era o lance da pegada, que às vezes é mais importante do que o instrumento"[55]. A importância da pegada também é destacada por Luiz Bueno, violonista do DuoFel:

> Em 1972, com 21 anos, eu tinha um grupo de rock progressivo e, embora eu tenha me tornado, como profissional, um violonista, a guitarra era o que mexia comigo. E eu tinha uma questão que era o som de guitarra personalizado. Ou seja: o Hendrix toca dois segundos e você sabe que é ele, tem uma marca. O próprio George Harrison, que nunca foi aquele guitarreiro virtuose, tem um toque especial. Aqui no Brasil, a gente estava começando a prestar atenção nessas coisas e, de repente, chega o *Acabou chorare*, dos Novos Baianos. Pra mim, abriu uma nova porta. Tinha ali uma música muito brasileira, uma pegada muito autêntica, um som que transformava aquela brasilidade numa coisa mais internacional; e essa coisa era a guitarra do Pepeu, que tinha uma pegada roqueira. Eu fiquei tão a fim de conhecer o Pepeu e o som dele que me mandei para o Carnaval da Bahia. No final

---

54 Entrevista ao autor em 20 de outubro de 2018.
55 Entrevista ao autor em 1 de abril de 2019.

> da quarta-feira de cinzas, teve o encontro dos trios Dodô e Osmar com os Novos Baianos, um duelo Armandinho vs. Pepeu que nunca mais esqueci. E fiquei ainda mais impressionado porque vi o Pepeu tocando com uma guitarra igual à que eu tinha, uma Giannini Stratosonic, que era um pedaço de pau. O Pepeu tem a pegada dele, o próprio estilo, a forma própria de pegar a palheta. Os autodidatas, quando não têm um caminho escrito, buscam isso dentro deles, e aí é que brota a personalidade do cara, a expressão interior, só dele.[56]

Em entrevista à revista *Música*, em 1979, Pepeu confirmava: "Nunca estudei nada. Sou o chamado músico de ouvido. Fundamentalmente, eu sempre me estudei"[57]. Além de músico autodidata, o guitarrista tem outra característica que não pode ser desprezada: Pepeu é canhoto, mas aprendeu a tocar como se não fosse.

Mário Manga, guitarrista do célebre Premeditando o Breque (depois Premê), revela:

> Eu estou nessa: sou ambidestro. Era pra eu ser canhoto, mas fui forçado a ser destro. Isso pode ter colaborado para a pegada do Pepeu na guitarra. Numa época em que era difícil conseguir um som legal de guitarra, ele chegou com um fraseado absurdo, um suingue e um timbre do caralho. Quando ouvi *Acabou chorare* pela primeira vez, chapei. Era final de 1972, eu tinha 17 anos e só ouvia rock'n'roll. Fui fazer um intercâmbio, morei três meses nos Estados Unidos e levei o disco; deixei lá para os americanos, que também adoraram. O trabalho de guitarra

---

56 Entrevista ao autor em 15 de maio de 2019.

57 Pepeu Gomes *apud* Ana de Oliveira, *Acabou chorare*, op. cit., p. 182.

do Pepeu nesse disco é maravilhoso, pra mim é a melhor coisa dele, o apogeu. O samba tinha uma pegada de rock e o rock tinha uma pegada de samba. Pepeu foi divisor de águas, acho ele demais.[58]

Luiz Chagas complementa:

> O Pepeu é o Pepeu, é o melhor: o toque, a pegada, ele é único. É canhoto, mas não toca com a guitarra invertida, e isso é foda. Pepeu toca errado porque ele é canhoto, mas o forçaram a tocar do jeito *certo*. Então, ele pega a guitarra de um jeito esquisito e tem uma mão pesada, assim como o Jeff Beck, que é mecânico de carro.[59]

Certo ou errado, canhoto ou destro, autodidata ou com formação teórica. Pepeu prova que o mais importante, para um guitarrista ou para qualquer músico, é ter sua personalidade expressa no instrumento, ter uma marca própria. Pepeu é a guitarra brasileira por excelência.

---

58 Entrevista ao autor em 16 de maio de 2019.
59 Entrevista ao autor em 20 de outubro de 2018.

D.A.C. – DEPOIS DE *ACABOU CHORARE*

Logo depois da gravação de *Acabou chorare*, mais precisamente em 15 de abril de 1972, os Novos Baianos mudaram-se para o sítio Cantinho do Vovô, em Vargem Pequena, Jacarepaguá, no Rio de Janeiro. Começava ali uma nova fase, marcada pela realização plena da vida em comunidade, da fama nacional e do futebol como parte importante do dia a dia do grupo. Sobre o que motivou essa mudança, Paulinho Boca relata:

> Acabamos saindo do apê de Botafogo porque estávamos manjados, dando pinta. Todo mundo cabeludo, nego dando recado. O sistema é bruto, esse lance de *eu sou amor da cabeça aos pés*, a gente acreditava, mas no fundo sabia que não dava pé. Mesmo assim, a gente vivia de música, e não do dinheiro da música. Éramos mesmo esculhambados nesse sentido; tinha um saco atrás da porta onde botávamos todo

o dinheiro e nego pegava o que queria, quando precisasse. Mas era melhor arranjar um lugar tranquilo, natural, que tivesse mato. Fomos para o sítio, mas a esculhambação com o dinheiro continuou.[60]

Apesar da preocupação expressa por Paulinho em relação ao grupo de cabeludos *dando pinta* em um bairro central do Rio, a relação com as forças da repressão acabou sendo pior no sítio, como relatou Galvão:

O time da ditadura militar vinha com civis na seguinte escalação. No gol, a TFP; na defesa, o pessoal do "Deus, pátria e família"; no ataque, os mais inteligentes daquele pensamento político, a maioria situada na mídia (em miúdos, a direitona). O adversário, a irreverência Nova Baiana. No sítio em Vargem Pequena, apertou o cerco das polícias civil, federal e militar. Eles tomaram conhecimento de que o grupo usava drogas e tinha grande influência sobre a juventude. De vez em quando, o sítio era invadido, mas o pessoal tinha boa sorte: a malandragem da meninada dispensava tudo a tempo e nada era encontrado. O sítio era uma bandeira hasteada permanente. A porteira da entrada tinha a forma e o desenho da bandeira brasileira. E os Novos Baianos eram a própria bandeira anárquica da juventude que transitava na contramão do sistema e do regime dominante. Tínhamos um *nacionalismo positivo*, apesar de a ditadura ter feito de tudo para se apropriar desse sentimento.[61]

---

60 Entrevista ao autor em 30 de outubro de 2018.
61 Luiz Galvão, *Novos Baianos: a história do grupo que mudou a MPB*, op. cit., p. 115.

O acontecimento mais grave relacionado à repressão policial aconteceu fora do sítio, quando Galvão e Felipe Guimarães, espécie de gerente comercial do grupo, foram interceptados por uma blitz da Polícia Militar. O letrista dos Novos Baianos relata:

> Eu e Felipe, que também morava na comunidade, voltávamos de uma festa e fomos flagrados com maconha. Fiquei oito dias com bandidos de *primeira linha*; Felipe ficou três meses. No dia do julgamento, acordei cedo e meditei. Vieram duas letras: "Cosmos e Damião" e "Sorrir e cantar como Bahia".[62]

A repressão policial é um aspecto importante e especialmente presente naqueles tempos, mas o que marcou mesmo a temporada dos Novos Baianos no sítio de Jacarepaguá foi a experiência da vida comunitária, a alegria da comunhão entre música e futebol, e a criatividade, que parecia crescer junto com as goiabeiras, mamoeiros e laranjeiras que dominavam a paisagem.

O sítio tinha um campo de futebol logo na entrada e depois a casa maior, onde ficavam a cozinha e a dispensa comunitárias, além do quarto de Paulinho e Marilinha com os filhos Maria e Gil. Em outra casa, quase em frente, Moraes, Mariliona e os filhos Ciça e Davi. No andar de cima, os solteiros Gato Félix e Baixinho. Baby e Pepeu ficavam na última casa, onde também ficava o quarto de Galvão, revestido por esteiras de palha, e outro quarto, ocupado por Bola, Jorginho e Charles Negrita. "Além disso, o PC Salomão montou um estúdio, com PA e tudo, no galinheiro do sítio", completa Paulinho Boca. "Essa coisa de a gente morar junto deu um lustro ao trabalho musical, de coisa

---

[62] *Ibidem*, p. 116.

muito burilada; como a gente vivia junto, tocava o tempo todo"[63].

Como uma extensão quase natural do ambiente, do espírito alternativo reinante e da própria dificuldade financeira, os Novos Baianos logo tornaram-se vegetarianos. Houve também uma influência externa, como conta Marilinha:

> No sítio, existia muita fruta e tinha muita gente que chegava e ficava morando conosco. Uma dessas pessoas que acabou ficando foi um índio argentino que falava muito de Gandhi, fazia massagem... um cara incrível. Normalmente, eu fazia a comida de todo mundo, o Paulinho às vezes ajudava, o Negrita também. Mas, em geral, era só eu. Esse cara, o índio, começou a falar muito de não comer carne e, como era eu que fazia a comida, fiquei com aquilo na cabeça. Daí, teve um Natal em que eu estava preparando um peru, saí pra fazer alguma coisa e, quando voltei, olhei aquele peru sentado na pia, parecia uma criança... desse dia em diante, nunca mais comi carne. Parei ali. Como era eu que fazia a comida, todo mundo entrou na onda e parou junto.[64]

Paulinho se recorda da mudança:

> Nossa alimentação se tornou muito saudável. Estávamos no meio do cinturão verde que cerca o Rio de Janeiro, Vargem Grande e Vargem Pequena; viramos vegetarianos. A gente acordava e já tomava um café maravilhoso com frutas mil ali da redondeza. Depois do café a gente tocava, deixava a lua baixar pra começar o jogo e depois, para as 6 horas, 6 e meia, era o rango: moqueca de palmito, acarajé sem camarão,

---

63 Entrevista ao autor em 30 de outubro de 2018.

64 Entrevista ao autor em 12 de junho de 2019.

vatapá sem peixe... criamos uma culinária própria e muito saudável e era muito difícil alguém ficar doente. Quando acontecia, todo mundo juntava o dinheiro comunitário e resolvia aquilo.[65]

Quase todos os dias, rolava o *baba*, gíria baiana para os embates futebolísticos improvisados, conhecidos no resto do país como *pelada*. "Teve mesmo uma época em que o futebol ficou mais importante que a música"[66], conta Paulinho Boca.

Recorda Dadi:

> Às vezes, jogávamos também no campo do Guanabara, um time de várzea que ficava ali perto. Rolavam altos *babas*, um dia o time do Botafogo quase completo foi lá jogar com a gente: Afonsinho, Nei Conceição, Nílson Dias, Marinho Chagas. Aí ficou ruim. O Botafogo estava dando de 15 a 0... Mas era divertido. Aquela velha história: ganhava-se pouco, mas era muito divertido. A gente curtiu muito ficar todo mundo junto, filosofando e tocando e jogando bola. Foi a minha faculdade musical. Música rolando no ar o tempo todo, conversando... Era isso.[67]

O ex-craque Afonsinho, símbolo da luta pelo passe livre no futebol brasileiro, raro exemplo de engajamento político no esporte nacional, enfrentou muitos problemas por sua postura, por seu cabelo comprido, por sua barba. E também por ser frequentador do sítio-comunidade e amigo daqueles cabeludos esquisitos. Hoje, levando uma vida tranquila de médico aposentado na Ilha de Paquetá (RJ), Afonsinho recorda:

---

65 Entrevista ao autor em 30 de outubro de 2018.
66 *Idem*.
67 Entrevista ao autor em 1 de abril de 2019.

> Conheci o pessoal ainda no apartamento da Conde de Irajá. Ali, quase do lado, o Botafogo alugava um apartamento para os jogadores solteiros do time. Eu, Paulo César Caju e outros. A vida era muito intensa. Os músicos eram apaixonados por futebol e nós, jogadores, apaixonados por música. Ficamos bastante amigos e essa amizade se consolidou na época do sítio, onde assistimos juntos à Copa de 1974. Inclusive, quase aconteceu de a gente ir jogar junto nos Estados Unidos.[68]

Sim, é verdade. No livro *Novos Baianos...*, Galvão relata a reunião em que foi proposta a ideia de percorrer o circuito universitário norte-americano numa inusitada turnê musical/ludopédica. O fato mostra a dimensão que o futebol assumia na comunidade de Jacarepaguá:

> O Cosmos, principal clube de futebol dos EUA, pertencia à Warner. Por isso, houve uma reunião nossa com o Alberto Byington (presidente da Continental, que representava a Warner no Brasil), mais o Afonsinho e o Nei Conceição. Byington propôs a contratação dos dois e mais Geraldo Mãozinha (ex-jogador do Flamengo) para o nosso time. Nós, do grupo, jogaríamos um tempo e depois nos apresentaríamos no palco. Todos toparam a ideia. Mas a Continental perdeu a representação da Warner e o plano foi desfeito. Dois anos depois, Pelé foi contratado pelo Cosmos e "lançou" o futebol nos EUA.[69]

Em entrevista a *O Estado de S. Paulo*, em 2013, Moraes confirmava: "A gente adotou o futebol

---

68 Entrevista ao autor em 5 de abril de 2019.

69 Luiz Galvão, *Novos Baianos: a história do grupo que mudou a MPB*, op. cit., p. 179.

como uma coisa muito importante. Éramos literalmente um time de futebol, onde cada um tinha a sua posição, mas jogava pelo time, e assim era na vida também. Quem sabia cozinhar, cozinhava. Quem não sabia, lavava prato"[70].

Foi no auge do sucesso de *Acabou chorare*, em 1973, que Solano Ribeiro foi convidado por uma TV alemã para produzir e dirigir um especial com os Novos Baianos. Seu depoimento revela bastante da vida e do cotidiano do grupo na época:

> Algum tempo antes, na TV Globo, o [maestro] Júlio Medaglia tinha articulado uma série de documentários sobre música brasileira chamada *Canta Brasil*. Os alemães fizeram uma coprodução com a Globo e, a pedido do Boni [...], acompanhei as gravações que foram feitas com a Gal, a Elis, o Gil, o Caetano... e eu, mesmo sendo uma figura secundária na produção, acabei dando os meus palpites e fui para a Alemanha acompanhar a montagem dessa série. Eu me entrosei bem com os produtores alemães, que me perguntaram se eu gostaria de dirigir alguns documentários sobre música brasileira para a TV alemã, sempre em coprodução. "Claro que sim", respondi.[71]

A coprodução para a nova série foi fechada com a TV Bandeirantes, que ficou responsável por aspectos como logística e facilitação de equipamentos.

"Depois que a Bandeirantes entrou no negócio, propus os Novos Baianos como primeiro programa"[72], diz Solano.

---

70 Ivan Marsiglia, "Consciente coletivo", *O Estado de S. Paulo*, op. cit.

71 Entrevista ao autor em 3 de outubro de 2018.

72 *Idem*.

> O disco *Acabou chorare* e aqueles caras tinham me chamado a atenção a ponto de eu achar que podia dar um bom documentário. Acertamos os termos da coprodução e da minha participação como diretor e roteirista; fiz algumas reuniões com Moraes e Galvão e fechei o roteiro. A equipe da Alemanha chegou, marquei uma reunião em um hotel do Rio para a gente discutir o roteiro e a produção em si, mas cheguei à conclusão de que não ia ter mais roteiro predefinido quando percebi que os Novos Baianos eram absolutamente inadministráveis. Disse pra eles: "Não saiam de casa, não façam nada de diferente, nós vamos lá e vamos filmar vocês no dia a dia, só isso". O interessante é que ficou um documentário que tem até momentos de *candid camera*, uma coisa meio *big brother*. Era engraçado porque a gente chegava lá e eles estavam acordando. Me impressionou o cuidado que eles tinham com eles mesmos: a higiene com as crianças, a alimentação. Porque a gente imaginou que seria aquela loucura, mas eles tinham uma disciplina maravilhosa. A única coisa que destoava um pouco era a quantidade de maconha consumida, mas naquela época... quem não? A coisa toda divertia os alemães: está tudo pronto? Vamos gravar! Cadê os caras? Sumiram. Foram lá em algum cantinho e, de repente, apareciam de novo. Foram se concentrar.[73]

Solano e a equipe alemã passaram a ir todos os dias ao sítio de Jacarepaguá e logo perceberam que o futebol tinha, para os baianos, a mesma relevância que a música.

> Eles fizeram questão que a gente filmasse as partidas de futebol, porque eles se julgavam melhores jogadores do que músicos. Achei

---

73 *Idem*.

aquilo meio caricatural, mas os alemães adoraram, era tudo o que eles queriam na vida: um país tropical com gente livre jogando bola e fazendo música. O difícil mesmo foi fazer a legendagem em alemão. Eles pegaram um professor uruguaio que morava em Heidelberg e sabia um pouco de português. Eu tinha de tentar mostrar para o cara o que era aquela gíria dos Novos Baianos, você pode imaginar a dificuldade. Mesmo assim, acho que o documentário fez muito sucesso por lá porque a música é poderosa e porque eu tive a sorte de captar algumas coisas inusitadas, como sessões de massagem e o almoço deles. Fez sucesso lá, mas aqui a Bandeirantes nem deu muita bola. Chegou a passar, mas só como se estivesse cumprindo tabela. E o que era para ser uma série, ficou só naquele primeiro programa.[74]

Porém, no começo dos anos 2000, o documentário *Novos Baianos F.C.*, título do terceiro disco do grupo que sairia logo depois, apareceu no YouTube[75], na íntegra. Solano não sabe quem o colocou no canal de vídeos da *web*, mas se surpreendeu com o sucesso:

Aquilo começou a ser assistido, a ter acessos e mais acessos... e hoje, se você somar as versões que estão no YouTube, trechos, músicas separadas e tudo o mais, já dá mais de 18 milhões de visualizações, o que é uma coisa extraordinária. A minha conclusão é que essa garotada que frequenta hoje o YouTube, a internet, se identifica muito com aqueles Novos Baianos, com aquela turma, do jeito que eles eram.[76]

---

74 *Idem.*

75 Disponível em: <https://www.youtube.com/watch?v=y4eePJ6Pcks>, acesso em: set. 2019.

76 Entrevista ao autor em 3 de outubro de 2018.

Além disso, o histórico filme de Solano Ribeiro foi exibido em 2010 no Museu da Imagem e do Som (MIS) de São Paulo, na segunda edição do Festival In-Edit, dedicado a documentários musicais. O sucesso foi estrondoso.

> Pois é, me convidaram para exibir o filme no festival e, para minha surpresa, o documentário foi ovacionado por uma plateia entupida de gente jovem. Foi a primeira e única vez que eu assisti ao filme projetado e com plateia. A receptividade foi impressionante; eu estava apreensivo com a qualidade do som, que foi captado em mono, mas os caras eram muito bons e o som está muito bem preservado, o que é certamente um dos motivos do sucesso. A experiência que eu tive ao trabalhar com os Novos Baianos foi gratificante, pela competência deles como músicos e cantores. E eu tive a sorte de ter documentado provavelmente a melhor fase da música deles.[77]

Quando fala da *melhor fase da música deles*, o diretor está se referindo não só a *Acabou chorare*, mas também a *Novos Baianos F.C.*, o produto seguinte daquela safra iluminada do grupo. Afinal, o documentário de Solano Ribeiro tem músicas dos dois discos. Muita gente, aliás, considera *Novos Baianos F.C.* superior em relação ao seu antecessor. "Pra mim, o *F.C.* é o melhor disco dos Novos Baianos", decreta Marilinha. "E foi totalmente concebido ali no sítio"[78]. "Eu me lembro do Moraes andando pelo sítio com o violão", conta Dadi. "De repente ele parava e compunha; às vezes, ficava o dia inteiro em cima de um detalhezinho, me lembro dele burilando aquelas músicas todas que estão

---

77 *Idem*.

78 Entrevista ao autor em 12 de junho de 2019.

no *F.C.*; pra mim, esse disco é a sofisticação do *Acabou chorare*"[79].

As comparações entre trabalhos artísticos são sempre complicadas e polêmicas. *Novos Baianos F.C.* não tem, evidentemente, o caráter da novidade, o frescor de *Acabou chorare*, mas Dadi tem a sua razão quando enxerga no LP uma evolução em relação ao anterior. A parceria Galvão/Moraes parece ainda mais madura em *F.C.*, em faixas inspiradíssimas como "Só se não for brasileiro nessa hora", "Cosmos e Damião", "Quando você chegar", "Vagabundo não é fácil" e "Sorrir e cantar como Bahia". Há ainda "Com qualquer dois mil réis", em que a dupla de compositores ganha a colaboração de Pepeu, e uma gravação espetacular do clássico "O samba da minha terra", de Dorival Caymmi, em que a alquimia entre música brasileira e rock, lançada em *Acabou chorare*, atinge a quase perfeição. E *Novos Baianos F.C.* se encerra com dois temas instrumentais de altíssima qualidade: "Alimente", de Jorginho Gomes, e "Dagmar", assinada por Moraes Moreira. A excelência instrumental do disco impressiona ainda mais do que em *Acabou chorare*, certamente como resultado da convivência e da prática musical ininterrupta no sítio de Jacarepaguá.

Interessante notar que, apesar da imagem que ficou de um sítio-comunidade sempre cheio de gente, onde a maconha rolava solta e a esbórnia era generalizada, a realidade estava longe disso. No que se refere à música, especificamente, os Novos Baianos formavam um grupo bem fechado em si mesmo. Não há relatos de *jam sessions* com músicos de fora daquele núcleo, e mesmo os visitantes eventuais ali apareciam muito mais para jogar bola, bater papo ou só para fumar maconha; participavam das sessões musicais apenas como ouvintes.

---

79 Entrevista ao autor em 1 de abril de 2019.

Como lembra Marilinha:

> Existia uma dificuldade de aceitação dos Novos Baianos pela nata da juventude do Rio. Tinha aquela coisa dos engajados *vs.* porras-loucas. A gente, claro, do lado dos porras-loucas, o que gerava uma certa surpresa desagradável em alguns. Assim, acabamos meio isolados, sem uma aproximação maior com outros músicos da época, porque a nata musical do Rio achava a gente estranho, muito radical. Ficávamos muito lá no meio do mato, e o time de futebol era prioridade. Quando tinha alguma festa no sítio, ia muita gente; mas, no dia a dia, éramos só nós mesmo.[80]

Além disso, a imagem de loucura, de amor livre e de bagunça generalizada também pode ser creditada a uma romantização da vida em comunidade por parte dos mais avançados e ao conservadorismo dos que se incomodavam com aquela experiência, então incomum, de liberdade. Contudo, para os Novos Baianos, o problema maior era, como sempre, a falta de dinheiro. "Apesar do sucesso das músicas no rádio, não rolavam muitos shows. No sítio tinha muita gente morando, muitas bocas para alimentar e pouca grana"[81], relembra Dadi.

Muitas vezes, o dinheiro que era colocado na famosa sacola atrás da porta da cozinha do sítio era usado para comprar maconha ou material esportivo; e só depois alguém se lembrava de que não havia comida em casa. "Uma vez, fomos buscar uma grana referente aos direitos do *Acabou chorare*"[82], conta Gato Félix.

---

[80] Entrevista ao autor em 12 de junho de 2019.

[81] Entrevista ao autor em 1 de abril de 2019.

[82] Entrevista ao autor em 10 de maio de 2019.

> Saímos com dois sacos de dinheiro, já que ninguém tinha conta em banco. Passamos na loja do Nílton Santos e compramos todos os uniformes para o time. Depois foi que a gente se tocou que a casa não tinha nada, não tinha mantimentos. Mas o dia seguinte era dia de clássico: Novos Baianos contra o time de Ipanema, liderado pelo Evandro Mesquita.[83]

A prioridade pelo time de futebol começou a pesar à medida que as crianças, filhas de Moraes e Mariliona, de Paulinho e Marilinha e de Pepeu e Baby, começaram a crescer.

"Tinha dificuldades que, com o passar do tempo, foram aumentando"[84], revelou Moraes na entrevista de 2013 a *O Estado de S. Paulo*.

> Com a chegada dos filhos, a coisa já não era mais tão fácil. Você tinha que guardar o leite para as crianças e vigiar, senão os malucos vinham e bebiam tudo. Quando rolava uma discussão na casa e a gente ia jogar futebol à tarde, a coisa aparecia. Aqueles caras que não estavam se dando bem, na hora do futebol, entravam mais forte. O *baba* era um tipo de terapia coletiva. Dava para ver claramente como estava a relação do grupo na hora do jogo. Mas uma coisa que não soubemos fazer foi ter uma vida minimamente organizada em termos de dinheiro. Por exemplo, nunca compramos o sítio, que naquela época custava barato. Simplesmente não tivemos essa iniciativa e continuamos pagando aluguel até o fim. Também chegou um ponto em que não havia mais estrutura para se criar as crianças.

---

83 *Idem.*

84 Ivan Marsiglia, "Consciente coletivo", *O Estado de S. Paulo*, *op. cit.*

> Ninguém teve a capacidade de discernir isso.
> Éramos tão radicais nessa coisa do desapego
> que não tivemos o equilíbrio para construir
> uma coisa mais sólida.[85]

Em 1973, os Novos Baianos lançaram dois compactos simples que traziam as faixas "Minha profundidade", "O prato e a mesa" (ambas de Moraes e Galvão), "No tcheco tcheco" (também da dupla, mais Paulinho Boca) e "Boas festas", de Assis Valente, que fez bastante sucesso. No ano seguinte, o grupo retornaria com dois LPs: *Novos Baianos* (que era para se chamar *Alunte*, palavra nova que dispensa explicação, segundo eles, mas a gravadora acabou não topando o neologismo como título) e *Vamos pro mundo*. Este traz ótimas faixas, como "Fala tamborim", "Ladeira da praça", "Eu sou o caso deles" – todas da dupla Moraes e Galvão – e "Reis da bola" (Moraes, Pepeu e Galvão), além de uma inspirada interpretação para "Bebel (como são lindos os yogues)", de João Gilberto. Inspiração que parece faltar no outro LP do mesmo ano, certamente o menos luminoso da fase áurea dos Novos Baianos.

Estes foram os últimos discos de Moraes Moreira com o grupo, do qual saiu no ano de 1975. Logo depois, os Novos Baianos deixariam o sítio de Jacarepaguá e sofreriam nova baixa: o baixista Dadi, substituído por Didi Gomes, que finalmente atendia ao chamado musical do irmão Jorginho em "Um bilhete pra Didi". Mas não era possível substituir Moraes, cofundador e principal compositor dos Novos Baianos. Não houve briga, todos continuaram e continuam amigos, mas, além da mencionada falta de estrutura para criar as crianças, a radicalização do conceito da vida em comunidade acabou sendo determinante para

---

85 *Ibidem*.

a separação. Galvão contou em seu livro que foi feita uma reunião para discutir se Moraes, mesmo morando fora do sítio, poderia continuar como novo baiano. A maioria votou não.

A verdade é que, artisticamente, a saída de Moraes foi um baque violento, do qual os Novos Baianos jamais se recuperaram. Já instalados em São Paulo, na casa-comunidade da rua Casa do Ator, lançaram em 1976 *Caia na estrada e perigas ver*, com Pepeu assumindo a direção musical e trazendo de volta uma veia mais roqueira em faixas como "Se beber não beba a lágrima", "Na banguela", "Barra Lúcifer" e na faixa-título, todas assinadas pela dupla Pepeu e Galvão. Há bons momentos, como nas esfuziantes "Ziriguidum" (de Jackson do Pandeiro) e "Brasileirinho" (de Waldir Azevedo), fusões choro-rock que são levadas com garra por Baby, ou nas suavemente gilbertianas "Sensibilidade da bossa" (Pepeu/Galvão) e "Suor do Sol" (Jorginho/Galvão). Além disso, por todo o disco há belas *guitarradas* de Pepeu, mas o conjunto parece meio solto, como se os Novos Baianos tivessem, de alguma forma, perdido a unidade.

TRIO ELÉTRICO

No mesmo ano de 1976, saiu pela primeira vez o Trio Elétrico Novos Baianos no Carnaval de Salvador. Foram pioneiros, ao dotar o caminhão do trio com uma verdadeira estrutura sonora de shows ao ar livre, com potentes caixas de som, *tweeters* e uma microfonagem superior que possibilitou o estabelecimento de um novo parâmetro para a festa em todo o país. Os trios elétricos, até então basicamente instrumentais, passaram a ter cantores: Baby e Paulinho Boca, pelo Trio Novos Baianos, e Moraes Moreira, no Trio Dodô e Osmar, foram os primeiros. A revolução no Carnaval de Salvador foi total, abrindo o caminho para Chiclete Com Banana, Banda Mel, Tapajós, Daniela Mercury, Ivete Sangalo e tantos outros.

Não por acaso, o LP de 1977, *Praga de baiano*, é puro Carnaval. É um bom disco, de energia pura e trabalho mais uma vez soberbo da guitarra de Pepeu. No entanto, é um disco do Trio Elétrico Novos Baianos e assim é assinado, ao contrário de todos os outros discos do grupo. O último LP lançado pelos Novos Baianos, antes dos retornos comemorativos, bem-sucedidos ou não, das décadas mais recentes, foi *Farol da Barra*, de 1978, uma boa coleção de músicas, valorizada pela inspirada faixa-título, parceria única de Galvão com Caetano Veloso. Mesmo sendo um disco acima da média, há em *Farol da Barra* um certo ar de melancolia, como que prenunciando o fim do grupo, o final de uma era.

SOLOS E RETORNOS

O lançamento das carreiras solo de Baby e de Pepeu, naquele mesmo ano, e de Paulinho Boca, no ano seguinte, acabaram concretizando o fim dos Novos Baianos.

Quase dez anos depois, em 1987, Baby, Pepeu e Paulinho se reuniram para uma única apresentação no Teatro Castro Alves, em Salvador. E em 1997, no Heineken Concerts, aconteceu aquela que pode ser considerada a melhor apresentação dos Novos Baianos depois de sua fase áurea; com sua formação completa, o grupo literalmente arrasou. O bom momento foi confirmado no álbum duplo *Infinito circular*, gravado ao vivo e lançado também em 1997: trazia releituras eficientes do repertório antigo e algumas novas – e boas – músicas.

Em 2009, o grupo voltaria a se reunir para uma apresentação na Virada Cultural, em São Paulo. Desde 2016, os Novos Baianos têm se apresentado com certa regularidade em shows marcados pela nostalgia de um tempo que, é claro, ficou para trás, mas que muitos insistem em reviver *ad infinitum* – o que pode ser bom, mas que também às vezes deixa apenas um sabor de melancólico saudosismo. O disco *Acabou chorare – Os Novos Baianos se encontram*, lançado em 2017 e também gravado ao vivo, não está à altura e, é preciso dizer, nada acrescenta à brilhante trajetória musical do grupo.

PARA ALÉM DE
ACABOU CHORARE

> *Os Novos Baianos ainda são e, pelo jeito, vão continuar sendo um grupo que marcou não só os anos 1970 como vem marcando a vida dos brasileiros [...] com nossos discos, nossas poesias, nossas músicas.*
>
> Moraes Moreira
>
> (Em entrevista à revista do Sesc São Paulo[86] poucos dias antes de falecer em sua casa, no Rio de Janeiro, em 13 de abril de 2020.)

Independentemente do que fizeram depois de seu disco mais valorizado, ou mesmo do que porventura ainda venham a fazer, os Novos Baianos têm seu nome garantido na história da melhor música brasileira. *Acabou chorare* é e sempre será um dos discos mais importantes já lançados no país.

O poder da inovação de *Acabou chorare*, expresso não só na criação, mas também na abordagem estilística – que inclui os arranjos e a execução daquele repertório –, ganhou ainda mais força pela postura e pelo comportamento do grupo na época.

---

86 "Eterno baiano", Sesc São Paulo, 13 abr. 2020, disponível em: <https://www.sescsp.org.br/online/artigo/14140_ETERNO+BAIANO>, acesso em: abr. 2020.

A força dos Novos Baianos e, especialmente, de *Acabou chorare* mexeu com o cenário musical e inspirou outros músicos e cantores, atravessando gerações e influenciando novos artistas, como relata Tulipa Ruiz:

> Minha infância e a do meu irmão Gustavo foram em meio aos discos de nossos pais. Como *Acabou chorare* é de 1972 e, portanto, anterior a nós, não teve precedência sobre os outros. A gente ouvia tudo igual: Beatles, Caetano, Janis, Chico, Gal, um ao lado do outro. Mas o primeiro disco da Baby, *O que vier eu traço*, de 1978, foi meu acalanto. Descobri esse disco antes do *Acabou chorare*, mas o que realmente aproximou a minha geração dos Novos Baianos foi a Marisa Monte.[87]

Na turnê *Verde, anil, amarelo, cor-de-rosa e carvão*, de 1994, Marisa já cantava "A menina dança", depois incluída em *Barulhinho bom*, lançado em 1996. Como ela própria ressalta:

> A Baby sempre foi uma inspiração pra mim. Uma mulher porreta, de muita personalidade no meio de um bando de homens; ela se impunha, impunha a sua feminilidade de supermãe, o seu tipo de feminismo particular. Porque existem vários tipos de feminismo e a Baby inventou o dela. Foi e é uma referência pra mim e pra muita gente, como cantora, como artista, como mulher.[88]

No DVD que Marisa Monte gravou em seguida a *Barulhinho bom*, seus convidados foram A Velha Guarda da Portela, os Tribalistas Arnaldo Antunes

---

87 Entrevista ao autor em 5 de julho de 2019.
88 Entrevista ao autor em 16 de outubro de 2018.

e Carlinhos Brown (antes de serem Tribalistas) e os Novos Baianos.

"Nesse vídeo, cantei com a Baby 'A menina dança' e 'Tinindo trincando', duas das minhas preferidas de *Acabou chorare*"[89], recorda Marisa.

> Eu me lembro de que o sucesso na minha casa foi imediato quando saiu *Acabou chorare*. A família viajava no verão e essa era a trilha sonora, foi a trilha sonora da minha infância. Depois, à medida que eu comecei a fazer música, os Novos Baianos sempre foram determinantes no meu trabalho. Isso até hoje, quando Dadi e Pedro Baby tocam comigo. Antes deles, o Davi Moraes [filho de Moraes Moreira] também tocou comigo, a gente começou a namorar e daí fiquei amiga de toda a família Novos Baianos.[90]

Tulipa Ruiz também tem os Novos Baianos, e especialmente Baby Consuelo, como referências de infância. Mais recentemente, a participação de Baby em um show seu foi a realização de um sonho:

> Era minha música de ninar à noite e de brincar de dia. Tinha e tem uma doçura e uma ferocidade no jeito de cantar da Baby que sempre me instigaram. E eu gostava dela porque ela fazia parte de uma soma, não era uma cantora naquele lugar que conhecemos, com a banda atrás e o destaque da diva. Na primeira vez que cantamos juntas, ela mergulhou e trocou com cada um da banda. Somou legal. O que se seguiu foi uma vertigem, uma viagem. Nunca me passou pela cabeça encontrar no palco alguém que sempre morou na minha vitrola. Pra

---

89 *Idem.*
90 *Idem.*

mim, a Baby é uma influência direta; e por um privilégio imenso, presente.[91]

No Rock in Rio de 2013, uma surpresa para muitos foi a presença de Roberta Sá, ao lado de Moraes e Pepeu, apresentando o repertório de *Acabou chorare*. Cantora identificada, até então, com estilos mais tradicionais da música brasileira, Roberta saiu-se muito bem também nos números mais roqueiros, como "A menina dança" e "Tinindo trincando".

> Por algum motivo interno lá deles, a Baby resolveu não participar do festival, e o Zé Ricardo (diretor artístico do palco Sunset do Rock in Rio) me convidou. A princípio, achei que era uma roubada, porque o estilo Novos Baianos carrega um DNA próprio e é difícil entrar alguém de fora. Mas eu falei com a Baby, que foi muito receptiva, ouvi tudo deles e encarei. Foi muito bom pra mim, aprendi muito sobre improvisação estudando a Baby e seu *scat singing* no duelo que ela travava com o Pepeu. O segredo foi ser eu mesma, sem querer ser a Baby, que inventou um jeito próprio de cantar, com aquela voz percussiva. Depois do show, o Beto Lee me passou a Rita no telefone, que me elogiou e eu fiquei muito feliz.[92]

Interessante notar que, assim como Tulipa Ruiz, Roberta Sá, que também é de uma geração posterior a *Acabou chorare*, começou a prestar maior atenção aos Novos Baianos por conta de Marisa Monte:

> Na cidade onde nasci, Natal (RN), tive contato via rádio com Moraes Moreira nos anos 1980,

---

91 Entrevista ao autor em 30 de julho de 2019.

92 *Idem*.

ouvindo músicas como "Alto-falante", "Meninas do Brasil" e "Lá vem o Brasil descendo a ladeira". Depois, já no Rio, eu estudava na Escola Notre Dame, que era vizinha da loja de discos A Toca do Vinícius, pra onde eu ia na hora do recreio escutar discos de bossa nova e também os primeiros discos das carreiras-solo de Baby e Pepeu. Na época, a Marisa gravou "A menina dança" e eu fui atrás da origem disso tudo, de *Acabou chorare* e da presença de João Gilberto naquela história. Marisa foi uma grande referência para a minha geração: a pessoa que me apresentou essas coisas quando eu tinha 16 anos.[93]

Para Tulipa, é a ousadia da mistura que garante a relevância dos Novos Baianos para a sua geração e para as que ainda virão:

Pelo que eu entendi mais tarde, os Novos Baianos se tornaram eternos ao misturar samba, rock, futebol e João Gilberto, o velho malandro com o *hippie*, o tricampeonato de 1970 com Woodstock. A mistura que eles inventaram é mais revolucionária do que o chamado samba-rock, que é mais próximo do trabalho criado pelo Jorge Benjor. Foram eles que aproximaram o rock progressivo, uma área dominada pelo jazz e a música erudita, do choro. Antes dos Novos Baianos, choro era música de velho.[94]

É claro que os Novos Baianos não foram pioneiros na mistura de samba com rock, mas foram os primeiros a fazer um disco inteiro baseado nesse conceito. Antes deles, os Mutantes fizeram algo parecido com "A minha menina", de Jorge Ben. E

---

[93] *Idem.*
[94] Entrevista ao autor em 5 de julho de 2019.

várias músicas ligadas ao tropicalismo – influência muitas vezes explicitada por Galvão, Moraes e Paulinho Boca – tinham o sabor da mistura da música brasileira com o pop internacional, com o espírito aberto à antropofagia de gêneros até então inconciliáveis.

Para Marisa Monte:

> Os Novos Baianos também se destacaram pelas letras com o frescor da inovação, muito imagéticas e utilizando onomatopeias e gírias; e pelos arranjos cheios de detalhes. A música deles sempre foi muito libertária e muito livre, fruto, eu acho, da intensa convivência entre eles e da livre associação do pop e de Hendrix com a música brasileira, reforçada pela presença etérea de João Gilberto em *Acabou chorare*. O João que trouxe Geraldo Pereira, que trouxe Assis Valente, e trouxe ele mesmo. E fez isso porque certamente se sentia bem ali entre aquela juventude, se sentia em casa.[95]

Não é exagero dizer que os Novos Baianos e *Acabou chorare*, em especial, foram decisivos fatores de influência para muita coisa que veio depois: de Daniela Mercury a Cássia Eller e os Tribalistas; de Elba Ramalho ao Baiana System; de Carlinhos Brown ao Skank; de Cazuza à Orquestra Imperial, entre tantos e tantos outros.

E, além da esfera musical, a ideia da comunidade ligada pela arte transmutou-se nos chamados coletivos de teatro, de cinema, de fotografia e, claro, de música, que hoje estão por todo o país.

Os Novos Baianos representaram e permanecem como uma experiência coletiva que resultou em arte original e influenciadora. Nos tempos em que a primeira opção era resistir, provaram que,

---

95 Entrevista ao autor em 16 de outubro de 2018.

acima de tudo, era necessário existir. Era *preci-ne-cessário viver*.

Agentes de uma revolução musical com *Acabou chorare*, os Novos Baianos também protagonizaram uma verdadeira revolução comportamental na prática, muito além do discurso. De forma deliberada ou não, fato que hoje é pouco relevante, eles responderam a um anseio da juventude da época, talvez não muito evidente naquele tempo, mas bastante claro agora. O anseio pela identificação, pela representatividade. A vontade de sermos todos também Novos Baianos.

Ficha técnica do disco

FICHA ARTÍSTICA

Cantam
Baby Consuelo
Moraes
Paulinho Boca de Cantor

Conjunto A Cor do Som
Pepeu - guitarra
Jorginho - bateria e bongô
Baixinho - bateria e bongô
Dadi - baixo

Regional
Moraes - violão base
Pepeu - violão solo e craviola
Jorginho - cavaquinho
Baixinho - bumbo
Dadi - baixo
Paulinho Boca de Cantor - pandeiro
Baby Consuelo - afoxé, triângulo e maracas
Bolacha - bongô

Arranjos - Moraes e Pepeu

LP

Lado A

1.	Brasil pandeiro	Assis Valente	3:54
	cantam: Paulinho Boca de Cantor, Moraes, Baby Consuelo		
2.	Preta pretinha	Moraes Moreira, Galvão	6:38
	canta: Moraes		
3.	Tinindo trincando	Moraes Moreira, Galvão	3:24
	canta: Baby Consuelo		
4.	Swing de Campo Grande	Paulinho Boca de Cantor, Moraes Moreira, Galvão	3:08
	canta: Paulinho Boca de Cantor		
5.	Acabou chorare	Moraes Moreira, Galvão	4:11
	canta: Moraes		

Lado B

1.	Mistério do planeta	Moraes Moreira, Galvão	3:37
	canta: Paulinho Boca de Cantor		
2.	A menina dança	Moraes Moreira, Galvão	3:50
	canta: Baby Consuelo		
3.	Besta é tu	Galvão, Moraes Moreira, Pepeu	4:24
	canta: Moraes		
4.	Um bilhete pra Didi	Jorginho	2:51
	instrumental: solo de Jorginho (cavaquinho)		
5.	Preta pretinha	Moraes Moreira, Galvão	3:25
	canta: Moraes		

Ficha técnica

João Araújo - coordenação geral
Eustáquio Sena - produção musical
Antônio Luís (Lula) - produção gráfica e fotos
Joel Cocchiararo - montagem do álbum

Gravado no Estúdio Somil

SOBRE O AUTOR

Jornalista, escritor e produtor cultural, Marcio Gaspar foi profissional da indústria fonográfica em sua fase resplandecente. Na Som Livre-Sigla produziu, ao lado de Aretuza Garibaldi, os discos *Cartola – bate outra vez*, *Ataulfo Alves – leva meu samba* e *Adoniran Barbosa – o poeta do Bexiga*. Foi crítico musical e repórter especial do *Jornal da Tarde* e colaborador das revistas *Billboard*, *Afinal*, *Qualis* e *Época*.

Este livro também está disponível em formato ePub.
Saiba mais no site das Edições Sesc: <http://bit.ly/chorare_acabou>.

Fonte	*Sabon LT 10,5/12,5 pt*
	Fakt 14/20 pt
Papel	*Pólen Bold 90 g/m²*
Impressão	*A. R. Fernandez Gráfica Ltda.*
Data	*Abril 2023*